그리스와 로마

지중해의 라이벌

차례
Contents

03그리스는 없다 09영원한 로마(Roma Aeterna) 12문명은 그리스로부터 17아테네 vs. 로마 48정치의 두 기둥 : 민주정치와 공화정치 64폴리스 문화의 종착점 : 아테네 제국과 로마 제국 82정복한 우리가 정복당했다

그리스는 없다

지중해를 무대로 펼쳐졌던 고대 그리스인과 로마인의 역사는 지금으로부터 거의 2500년 전으로 거슬러 올라간다. 하루가 다르게 급변하는 오늘날 동아시아 끝에 자리잡은 우리에게 그들의 삶은 어떤 의미가 있을까? 현대 문명은 초고속으로 날아간다. 인터넷은 전 세계의 정보를 순식간에 퍼뜨리고 취중 망언이 곧바로 인터넷 게시판에 오른다. 비둘기호 완행열차는 사라진 지 오래 전 일이고 서민들은 비싸서 탈 엄두도 못 냈던 새마을호 열차도 고속 전철의 개통으로 굼벵이 기차가 된 지금, 2000년도 지난, 그것도 저 멀리 지중해 세계에서 우리와 전혀 무관하게 형성됐던 고대 그리스 문명과 로마 문명을 알아보는 것은 무슨 의미가 있을까? 그러다가 다시 질문을 바꾼다. 그들은 과연 우리와 무관한가?

우리는 아주 쉽게 그들과 만난다. 그리스 신화를 주제로 한 서적 및 만화책들이 베스트셀러가 되었고, 최근에는 스파르타 왕비 헬레네와 트로이 왕자 파리스의 애정 행각이 몰고 온 대비극 트로이 전쟁 관련 영화 「트로이」가 선보였다. 머지않아 8월(2004년)이면 전 세계인들의 축제인 하계 올림픽이 올림픽의 본고장 그리스 아테네에서 열린다. 기원전 490년 마라톤에서 페르시아 군대를 막아낸 승리의 기쁜 소식을 조금이라도 빨리 알리기 위해 아테네로 죽음의 질주를 했던 그리스 병사를 기념하기 위해 시작된 '올림픽의 꽃' 마라톤 경기가 2500여 년이 지난 오늘날 옛 아테네 병사가 달렸던 그 길을 따라 펼쳐질 것이다. 이봉주를 포함한 전 세계의 마라톤 선수들은 돈과 명예를 동시에 얻기 위하여 달릴 것이다. "플라톤이 철학이고 철학이 플라톤이다."라는 에머슨의 말이나 "서양 철학의 역사는 플라톤의 주석 달기"라는 화이트헤드의 말은 다소 과장된 감이 있지만 그만큼 서양 철학사에 기여한, 아테네 시민이었던 플라톤의 영향력을 잘 보여준다. 또한 민주정치(Democracy)와 공화정치(Republic)를 빼면 현대 정치를 이해할 수 없다. 어디 그뿐인가. 24시 찜질방, 사우나 등 우리나라 목욕 문화의 원조는 로마인들의 목욕탕 문화이다. 우리는 영화 「글래디에이터」, 「스파르타쿠스」에 묘사된 검투사들의 후예들을 체육관이나 경기장, 아니 TV에서 더 자주 만난다. 사실 우리에게 익숙한 현대 문명의 많은 것들이 그 뿌리를 거슬러 올라가면 그리스인과 로마인들의 유산인 것이다. 학문, 정치, 오락에 이르기까지 우리는 여전히 그리스와 로마 문명의 그늘에서 살고 있지 않나 하는 생각이 들 정도이다.

고대 시대에 이탈리아 반도와 그리스 반도는 서양 문명의 요람이자 중심지였다. 그 증거는 전 세계에서 이탈리아와 그리스로 모여드는 관광객들이 말해준다. 해외여행의 자유화 바람을 타고 유럽 여행지 중에 빠지지 않는 곳이 그리스와 이탈리아, 그 중에서도 아테네와 로마이다. 관광객들은 고대 문명의 흔적들이 고스란히 남아 숨쉬고 있는 이곳을 찾아 서구 문명의 원천을 깊이 체험한다.

그렇더라도 과거와 현재는 많이 다르다.

그리고 그 명성과 중요성을 감안할 때 고대 그리스와 로마에 대한 우리의 지식은 아주 피상적이고 빈약하다. 우리의 머릿속에는 그리스와 로마가 뒤얽혀 있기가 일쑤이고, 그리스 문명과 로마 문명, 아테네와 로마의 공통점과 차이점이 무엇인지 쉽게 이해되지 않는다. 다시 말하면 두 문명, 두 도시에는 무엇인가 차이가 있어 보이는데, 그 차이가 무엇인지, 또 아테네와 로마는 두 문명의 성격을 어떤 식으로 반영하고 있는지를 잘 알지 못한다. 본서는 비슷한 것 같으면서도 서로 다른, 어쩌면 영원한 경쟁 관계에 있던 고대 그리스와 로마, 또는 아테네와 로마의 역사와 문화를 비교함으로써 서양 고대 문명을 이해하기 위하여 쓰였다.

카(E. H. Carr)는 『역사란 무엇인가』라는 책에서 "역사는 현재와 과거의 대화"라고 말했다. 현재를 살아가는 인간이 앞서 살았던 사람들을 불러내 대화를 하는 것이다. 그러나 현재와 과거 사이에는 시간이라는 장벽이 있어서 대화를 어렵게 한다. 시간이 흐르면서 많은 것이 변하고, 그 변한 것들이 의사소통에 장애가 되기 때문이다. 오늘날에도 그렇듯이 대화의 가장 큰 장애는 언어의 문제이고 개념 이해의 문제이다. 현대 그리스어와 이탈리아어가 다르듯이 고대 시대에 그리스어와 라틴어는 말도 문자도 모두 달랐다.

오늘날 세계 어디에서나 영어의 위력은 대단하다. 특히 1990년대 이후 인터넷 사용이 보편화되면서 영어는 국제어로서의 위력을 톡톡히 발휘하고 있다. 대부분의 정보가 영어로 표현되어 전 세계로 퍼져나가고 있기 때문이다. 우리는 영어를 모르면 출세는 고사하고 생존조차 어려운 것처럼 보이는 시대를 살고 있다. 모든 개념들, 이름들이 영어식 표현으로 통용되고 있다. 그리스(Greece)라는 말도 그렇다. 이는 현대 그리스 국가를 뜻하는 영어식 표현으로, 아테네를 수도로 하고 발칸 반도로부터 펠로폰네소스 반도로 이어지는 반도 국가를 나타낸다. 고대 시대는 그리스라는 나라가 없었다. 작은 도시국가들인 폴리스들만이 있었다.

그러면 그리스라는 이름은 어디에서 왔는가? 그리스라는 말의 어원이 되는 그라이아(Graia)이라는 이름은 그리스인들 자신의 용어가 아니라 로마인이 그리스인에게 붙여준 이름이다. 기원전 1000년경에 고대 그리스인들은 지중해 여러 지역으로 퍼져나가 식민시들을 건설했다. 그 중에 남부 이탈리아의 키메에 식민시를 건설한 사람들이 그리스 보이오티아에서 온 그라이아인들이었다. 최초로 그라이아인을 만난 로마인들은 다른 그리스인들을 싸잡아 그라이아인으로 부르게 되었다.[1] 이 과정에서 Greicia, 즉 그라이아인들의 나라라는 라틴어 표현이 나왔고, 남부 이탈리아에 그라이아인들이 퍼져 살던 지역을 마그나 그라이키아(Magna Graicia, 대그리스)라고 부르게 되었다. 이처럼 그리스라는 말은 이탈리아 남부에 식민시를 건설한 그라이아인들을 부르던 로마인들의 용어였던 것이다. 오늘날 영어가 국제어라면 고대 지중해 세계에서는 라틴어가 국제어였다. 결국 그리스라는 이름은 고대의 국제어 라틴어에서 현대의 국제어 영어로 이어진 강력한 제국의 산물인 셈이다. 주도적인 문명은 모든 개념을 자신의 언어로 바꾸어버린다. 고대 시대에도 오늘날에도 그리스라는 말에는 제국주의의 힘이 담겨 있는 것이다.

그렇다면 그리스인들은 자신들을 어떻게 불렀는가? 그들은 스스로를 헬레네스(Hellenes, 단수는 Hellene)라고 불렀는데, 그것은 헬렌(Hellen)의 후손이란 뜻이다.[2] 그리스 신화에 따르면 헬렌은 태고의 대홍수 때 유일하게 살아남은 인간들인 데우칼리온(Deucalion)과 피라(Pyrrha)의 맏아들이었다. 테살리아의 왕이었던 헬렌은 산의 님프인 오르세이스와 결혼하여 세 아들 아이올로스, 크수토스, 도로스를 낳았고, 이들이 그리스 신화에 나오는 그리스인의 세 종족인 아이올리스인, 이오니아인,

아카이아인의 시조가 되었다. 여기서 헬레네는 그리스인, 헬레네스는 그리스어를 말하는 사람들을 뜻하게 되었다.[3]

그리스인들은 그리스 본토와 에게 해의 섬들, 더 나아가 지중해 세계로 식민운동을 전개하여 폴리스라고 부르는 작은 도시국가들을 세웠다. 그리고 각각의 폴리스들은 자유와 자치를 소중하게 생각해서 힘을 통한 거대한 통일국가 건설을 추구하지 않았다. 다만 그리스인들이 모여 사는 곳을 헬라스라고 불렀는데, 이는 국가라는 정치적 개념이라기보다는 그리스인들이 사는 땅이라는 의미를 지녔다. 따라서 고대 시대에는 현대 그리스처럼 그리스 반도에 있는, 그리스인들의 통일국가는 존재하지 않았고, 소아시아와 에게 해, 흑해 주변, 남부 이탈리아 등 지중해 전역에 퍼져 있는 수백 개의 그리스인의 폴리스들이 존재할 뿐이었다. 오늘날 그리스의 폴리스들에 대한 우리의 지식은 아테네, 스파르타, 코린토스와 같은 몇몇 폴리스들을 근거로 한 것이다.

영원한 로마(Roma Aeterna)

언어와 문자는 인간 사회의 의사소통 수단이면서 또한 문명을 담는 수단이다. 한 문명의 힘은 그것을 가능하게 했던 언어와 문자의 힘이다. 지중해 세계를 호령하던 로마 제국은 사라졌지만, 로마 문명은 남겨진 이름이나 개념들을 통해 여전히 우리에게 그 위세를 떨치고 있다. 오늘날 우리에게 익숙한 '로마'라는 명칭을 보면 더 분명해진다. 로마의 영어식 이름은 롬(Rome)이다. 그러나 '롬'이라는 영어 표현보다는 '로마'라는 라틴어 또는 그로부터 나온 이탈리아어 표현이 우리에게 더 잘 알려져 있다.

고대 시대에 그리스라는 나라가 없었던 것과 마찬가지로 이탈리아 반도에 이탈리아라는 나라도 없었고, 로마를 포함해서 여러 도시국가들이 존재할 뿐이었다. 그러나 그리스에서와는 달리 로마인들은 전쟁으로 또는 외교로 이탈리아의 도시국가들을 정복하면서 세력권을 확대해갔다. 기원전 3세기 초 이탈리아 남부의 타렌툼이 정복되면서 이탈리아 반도는 로마 공화국의 지배 영역이 되었다. 그렇기는 해도 나라 이름은 이탈리아가 아니라 로마였다. 이때부터 로마의 영원성에 대한 지배 이데올로기, 즉 '영원한 로마(Roma Aeterna)' 관념이 만들어지기 시작했다. 로마가 지중해 전역을 지배할 때 '영원한 로마' 사상은 더욱더 널리 선전되었다. 따라서 지중해 통치 시대에 국가명은 로마 제국(Imperium Romanum)이었지 이탈리아 제국이 아니었다. 4세기에 기독교가 국교로 공인된 이후에 '영원한 로마' 사상은 기독교의 영원성과 맞물리면서 더욱더 힘을 갖게 되었다. 그래서 게르만족의 이동으로 서로마 제국이 붕괴되었지만 그로부터 거의 4세기 뒤인 800년에 기독교화된 프랑크 왕국의 카룰로스가 서로마 황제의 제관을 받을 때에도, 그리고 962년 독일의 오토가 신성로마 제국의 황제 칭호를 받을 때에도 국가명에는 '로마'라는 이름이 늘 따라다녔다.[4]

중세 이후부터 19세기 중엽까지 이탈리아 반도의 국가들은 정치적 분열을 거듭했다. 그러다가 1861년부터 본격화된 통일 운동으로 로마를 수도로 하는 근대 국가 이탈리아가 탄생하여 오늘날까지 이어지고 있다. 마찬가지로 오늘날 아테네와 로마는 각각 그리스와 이탈리아의 수도이나 고대 시대로 거슬러 올라가면 그리스나 이탈리아라는 나라는 존재하지 않았고, 아테네와 로마라는 도시국가가 있었을 뿐이다. 아테네는 그리스 세계에 존재하던 많은 도시국가들 중의 하나였고, 로마 역시 중부 이탈리아 라티움 지방에 위치한 도시국가에 지나지 않았다. 그럼에도 아테네인과 로마인은 고대 지중해 문명 즉, 그리스 문명과 로마 문명의 건설자들이었다. 그래서 그리스 문명과 로마 문명을 알아보려면 결국 우리는 아테네인과 로마인의 역사로 들어가야 한다.

문명은 그리스로부터

알파벳의 탄생

기원전 8000년경 이른바 '신석기 혁명'으로 문화를 건설하기 시작한 인류는 기원전 3000년경 도시를 건설하고 문자를 사용함으로써 문명의 시대를 열게 되었다. 문명은 메소포타미아, 이집트 등 오리엔트에서 먼저 시작되었고, 기원전 2000년경으로 오면 지중해 세계로 퍼져나갔다. 기원전 1100년경 에게 문명이 몰락한 뒤 도시가 파괴되고 문자가 쓰이지 않던 '암흑시대'를 지나 그리스인들이 알파벳을 사용하기 시작한 것은 기원전 800년경의 일이다.5)

알파벳은 그리스인의 창작품은 아니었고, 그 기원은 동부 지중해 연안에 있던 페니키아 문자였다. 지중해 동부 지역에 비블로스, 시돈, 티루스 등 도시국가를 만들고 지중해를 무대로 활발한 교역 활동을 하던 페니키아인들은 상인들이었을 뿐만 아니라 선진 오리엔트 문명을 서양에 전하는 문명의 전달자이기도 했다. 그들의 활동으로 페니키아 문자가 그리스로 전해졌다.

그렇다고 해서 그리스인들이 페니키아 문자를 그대로 받아들인 것은 아니다.[6] 페니키아 문자에는 모음이 없고 자음만 있었다. 그리스어에는 모음이 많았기 때문에 그대로 사용하기가 불편했다. 그래서 그리스인들은 모음을 표기하기 위해서 아람어 문자의 일부 자음을 빌려왔다. A(알파), E(엡실론), O(오미크론), Y(윕실론)을 모음으로 사용했고, 또한 I(이요타) 등 기존의 문자를 변형해서 모음으로 사용했다. 이러한 복잡한 과정을 거쳐 기원전 5세기에 그리스어 알파벳 24개(자음17, 모음7)가 완성되었다.

알파벳의 사용으로 지식의 대중화가 가능해졌다. 그때까지만 해도 문자는 성직자나 귀족 등 소수 엘리트의 전유물이었다. 한자를 알려면 적어도 1000자, 메소포타미아의 서기들은 600자의 설형문자를 알아야 문자생활이 가능했다. 그러나 그리스인들은 24자의 알파벳만 알고 있으면 자유자재로 사물과 추상적 관념을 표현할 수 있었다. 문자를 연구하는 학자들은 알파벳의 발명이야말로 지식의 대중화를 가져온 혁명적인 사건이라고 평가한다. 알파벳을 통해서 대중 교육이 가능해졌다.

문자의 의미	이집트 문자	페니키아 문자	그리스 문자	라틴 문자	로마 문자
황소의 머리		ゟ(ɑ) Aleph	ΔΑ(a) Alph	A	A
집		̊ (b) Beth	Β (b) Beta	B	B
모서리		ィ(8) Gimel	Γ(ɤ) Gama	C/G	C/G
창		Δ d Daleta	ΔD(d) Delta	D	D
기뻐하다		⪦ h He	⪦Ε(ĕ) Epsilon	E	E

알파벳의 탄생: 페니키아로부터 그리스로.

  기원전 5세기와 4세기에 그리스 지식인들은 그리스 문자를 사용하여 시, 희곡, 서사시 등의 문학과 역사, 철학 등 서양의 고전들을 기록으로 남길 수 있었다. 이후 서양 문명의 지적 원천으로 작용할 수 있었던 것도 그 기저에는 알파벳이 있었다.

  그리스인들은 기원전 8세기에 그리스 본토에서 폴리스들을 세운 이후 활발한 해상 활동과 식민운동을 통해서 지중해 여러 곳으로 퍼져 나갔다. 그들의 대외 활동은 곧 그리스 알파벳의 확대를 의미했다. 기원전 6세기부터 라틴어 알파벳 금석문들이 나타나는데, 학자들은 그리스 알파벳이 에트루리아인들을 거쳐 라티움 지방으로 들어온 것으로 생각한다. 그리고 로마인들이 사용한 라틴어 문자는 기독교 교회의 공식 문자가 되어 중세로 이어지고, 중세 이후 서양 언어의 모체가 되었다.

많은 로마 문명의 내용이 그러하듯이 라틴어 문자는 그리스 알파벳에서 나왔기에 로마인들은 문명을 담는 그릇, 즉 문자에서 그리스인에게 큰 빚을 지고 있다고 하겠다.

폴리스의 형성

기원전 1100년경 북방에서 내려온 그리스계 마지막 이주민인 도리아인이 미케네 문명을 파괴하고 펠로폰네소스 반도에 정착하면서 그리스는 3세기 동안 이른바 '암흑시대'를 맞는다. 그러나 기원전 8세기에 이르면 그리스 본토와 소아시아의 이오니아 지방에 폴리스(Polis)로 불리는 독특한 공동체들이 등장하면서 암흑시대는 끝나고 폴리스 시대가 시작되었다. 현대 도시들처럼 폴리스는 마을 공동체들을 포괄했지만 그것은 몇 가지 뚜렷한 특징을 지녔다.

첫째, 폴리스는 명확하게 독립된 영토를 가지고 있었다. 고대인들은 낮에는 들에 나가 일하고 밤이면 안전을 위해서 도시로 돌아왔다. 큰 폴리스들은 주변 지역에 예속된 마을들을 가지고 있었는데, 정치조직과 권력은 도시에 집중되었다.

둘째, 일부를 제외하고 대부분의 폴리스는 그 중심부에 성채를 가지고 있었다. 원래 폴리스는 성채(Citadel)라는 뜻이고, 아테네에서는 기원전 5세기 말까지 아크로폴리스라는 이름으로도 사용되었다. 이제 그리스에서는 과거와 다른 새로운 국가들인 폴리스가 등장하여 고대 그리스의 전형적인 국가 형태로 발전해갔다. 알파벳이 서양 고전 문명의 소프트웨어였다면 폴리스는 서양 고전 문명이 펼쳐진 문명의 하드웨어라고 할 수 있다.

서양 고전 문명의 역사가 이 폴리스의 성립과 더불어 시작되고 폴리스 체제의 성쇠가 고대 그리스인의 역사 전개에 긴밀한 영향을 미쳤던 만큼, 폴리스를 제대로 이해하는 일이 더없이 중요하다.

그리스의 폴리스들은 중심 도시와 주변 농촌을 포함하는 작은 국가였다. 도시는 정치·군사·종교의 중심지였고, 그 중심에는 아크로폴리스(Acropolis)라 부르는 구릉형 요새가 있어서 신전이 자리하거나 유사시 최후의 거점으로 사용되었다. 또한 도시의 저지대에는 아고라(Agora)라는 광장이 있어서 시장이나 공공 활동 장소로 이용되었다.

폴리스의 주민은 대부분 농민이었지만 그 중심지에 점차 수공업자, 상인 등 비농업적 주민들이 많아지면서 도시의 기능도 확대되었다. 이때 귀족들은 도시로 이주해 폴리스의 형성에 주된 역할을 했고, 농민들은 주변 촌락에 그대로 거주했다. 그리스인들은 기원전 8세기부터 기원전 4세기 중엽까지 약 5세기 동안 지중해 전역에서 건설한 폴리스들을 중심으로 고전 문명을 건설했다. 따라서 폴리스는, 그 중에서도 아테네는 그리스 문명의 요람인 셈이다.

아테네 vs. 로마

"나의 소원은, 여러분이 아테네의 위대성을 매일 보고, 아테네를 사랑하게 되는 것입니다." 페리클레스(Pericles, 기원전 499~429년)는 펠로폰네소스 전쟁에서 죽은 아테네인들을 추모하면서 같은 그리스인이면서 통제되고 폐쇄적인 스파르타에 대해서 자유 시민의 도시 아테네의 위대성을 강조했고 스파르타와의 전쟁에 용기 있게 임할 것을 호소했다. 사실 정치·철학·역사·문학·종교 등 그리스 고전 문명의 유산은 아테네에서 나왔고, 아테네는 페리클레스의 표현대로 '그리스의 학교'였다. 한편 "모든 길은 로마로 통한다."는 말처럼 지중해 세계의 모든 문명의 유산은 로마로 흘러들어갔고, 서양의 근대 문명은 로마로부터 나왔다. 그래서 프랑스의 로마사가 니콜레는 "우리는 모두 로마 시민이다."라고 말할 수 있었다. 아테네와 로마는 서양 고전 문명의 요람이라 할 수 있다. 고대 시대 아테네인과 로마인은 서양 고전 문명의 창조라는 대역사에서 각각의 역할을 통해서 서양 고대 문명을 만들어냈지만, 실상 두 문명의 주인공을 비교해보면 공통점도 있고 차이점도 있다. 이제 아드리아 해를 사이에 두고 펼쳐진 두 도시의 이야기를 서로 비교하면서 그리스 문명과 로마 문명의 공통점과 차이점들을 알아보도록 하자.

신들의 거처 : 아크로폴리스와 카피톨리움

아크로폴리스와 파르테논 신전

아테네 시 중앙에 우뚝 솟은 아크로폴리스는 도시 어디에서도 잘 보이는 아테네의 상징이면서 아테네의 역사 그 자체이다. 정상이 해발 156미터에 위치한 아크로폴리스는 아랫부분의 길이가 330미터, 윗부분의 길이는 270미터 그리고 폭은 156미터에 이르는 달걀 모양의 거대한 석회석 바위 언덕이다.[7] 서쪽의 올라가는 입구를 제외하고는 세 면이 모두 깎아지른 바위 절벽을 이루고 있어서 고대 시대 이래로 그 자체가 천연 요새였다. 높다는 뜻의 '아크로스'와 도시국가를 뜻하는 '폴리스'가 합쳐져서 생긴 아크로폴리스는 '도시의 높은 언덕', 즉 '성채'란 뜻이다.

아크로폴리스에는 신석기 시대부터 사람들이 거주했지만 문명의 손길이 닿은 것은 기원전 13세기 미케네 문명기이다. 그

때 성벽과 왕궁이 세워졌다. 그러나 기원전 8세기에 폴리스 시대가 발전하면서 아크로폴리스는 인간의 영역이 아닌 신들의 영역으로 생각되었다. 기원전 6세기에 참주 페이시스트라토스가 신전을 건축했다. 그러나 페르시아 전쟁기에 페르시아 군대가 아

위 – 아크로폴리스 복원도.
아래 – 파르테논 신전과 에레크테움 신전 유적.

티카 반도를 점령하고 약탈하면서 아크로폴리스 위에 있던 신전들도 파괴되었다. 오늘날 아크로폴리스에 남아 있는 신전 유적들, 즉 파르테논 신전·프로퓔라이아·아테나 니케 신전·에레크테움 신전은 모두 페르시아 전쟁 이후에 세워진 것들로서 아테네의 전성기를 반영하는 것들이다.

고대인들에게 전쟁은 인간사이기에 앞서 수호신들의 대결이기도 했기 때문에 페르시아 전쟁의 승리는 곧 수호신 아테나의 승리로 간주되었다. 페르시아 전쟁 이후 페리클레스가 아크로

폴리스에 처녀신 아테나에게 신전('파르테노스'는 처녀라는 뜻이
다)을 지어 바친 것은 당연한 일인지도 모른다. 기원전 447년
에서 438년 사이에 건설된 파르테논 신전은 길이 약 67미터,
폭 30미터 정도의 도리아식 신전으로 높이가 11미터에 이르는
46개의 도리아식 원주에 의해 지붕이 떠받쳐져 있었다.

아크로폴리스 위에 있는 신전들은 아테네의 정치 상황과
운명을 함께 했다. 1세기 중엽 사도 바울이 아크로폴리스 언
덕 밑에 있는 아레오파고스 언덕에서 아테네인들에게 기독교
를 전파할 때에 아크로폴리스에는 아테나 여신을 기리는 신전
들이 당당하게 서 있었을 것이다. 사실 바울의 설교는 다신교
적 종교관을 가지고 있었던 아테네 시민들에게 별 호소력을
가지지 못한 것 같다. 그러나 기독교가 4세기 전반에 로마 제
국에서 공인되고, 4세기 후반에 국교가 되자 많은 그리스·로
마 세계의 신전들이 수난을 당하기 시작했다. 그 여파로 인해
6세기에 파르테논은 기독교 교회당으로, 아테네 여신상은 성
모 마리아 상으로 바뀌게 되었다.

그로부터 900여 년 지난 1453여 년 중세 천 년을 지탱해온
동로마 제국, 즉 비잔티움 제국이 오스만 터키에게 점령당하
자 이슬람교도였던 터키인들은 파르테논 신전에 첨탑을 세우
고 이슬람 사원으로 사용했다. 그리고 17세기 말 그리스의 대
부분을 정복하고 있던 베네치아의 군대가 아테네를 포위하자
1687년에 터키 군은 아크로폴리스에 피난하여 파르테논 신전
을 탄약고로 사용했다. 9월 26일 베네치아 군 사령관은 신전

을 향하여 대포를 발사하도록 명령했고, 1발의 포탄이 지붕에 명중하여 순식간에 건물을 파괴했다. 이로써 신전의 벽과 기둥 28개가 파괴되고 지붕이 날아갔다.

19세기 초 터키 주재 영국 대사였던 엘긴 경은 파르테논 신전에서 골라낸 조각의 대부분을 반출하는 허가를 얻어냈다. 이리하여 파르테논 신전의 유물은 대영박물관에 소장되어 지금까지 보관되고 있다. 1833년 그리스가 오스만 터키로부터 독립을 쟁취한 후에야 비로소 고고학자들은 외국 지배하의 시대에 생긴 파편들의 산더미에서 찾아낸 조각들을 연결하여 거의 모든 도괴된 원주를 복원했다.

오늘날 아크로폴리스는 다시 살아나 고대의 영광을 재현하고 있다. 비록 온전하게 남은 건축물은 없지만, 해마다 전 세계의 관광객들이 몰려와서 돈을 뿌리고 가고 있다. 아테나 여신은 여전히 아테네 시의 '수호신'인 셈이다. 고대 아테네 시민들의 후손들까지 먹여 살리고 있으니 말이다.

카피톨리움 언덕과 유피테르 신전

아테네에 아크로폴리스가 있었다면 로마에는 카피톨리움 언덕이 있었다. 카피톨리움 언덕은 일곱 언덕 중에 가장 높긴 하지만 해발 50미터밖에 안 되는 작은 구릉이다. 카피톨리움 언덕은 그럼에도 불구하고 로마의 정치·사회·종교 생활의 중심지로 기능해왔다.

카피톨리움 언덕에는 두 개의 구릉이 있는데, 하나는 카피

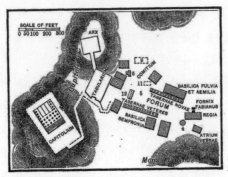

카피톨리움 언덕과
로마 광장 복원 예상도.

톨리움 언덕 자체이고 다른 하나는 성채이다. 기원전 6세기 이전에는 사람들이 정착했던 것 같지는 않다. 그러나 타르퀴니우스 왕 때 시작되어 공화정 원년(기원전 509년)에 헌정된 것으로 전해지는 세 신전, 즉 유피테르 옵티무스 막시무스 신전, 유노 신전, 미네르바 신전이 세워지면서 그곳은 로마의 종교 중심지가 되었다. 고대 로마 역사 내내 카피톨리움 언덕은 로마의 최고 신들이 사는 신들의 거주지로 인식되었다. 오늘날도 길이가 60미터, 폭이 55미터인 유피테르 신전 터가 남아 있다. 원래 이들 신들은 퀴리날리스 언덕에 옛 신전을 가지고 있었다. 그러나 공화정 시기부터 카피톨리움 언덕은 로마 종교의 중심지로 자리잡았다. 유피테르 신전은 기원전 83년에 불타버렸다. 기원전 69년에 루타티우스 카툴루스가 세우고 기원전 26년과 기원전 9년에 아우구스투스에 의해서 복원된 신전도 서기 69년에 파괴되었고, 베스파시아누스가 세운 신전은 서기 80년에 화재로 사라졌다.

로마의 7언덕 상상도.

전설에 따르면 로마의 건국 초기에 쌍둥이 형제 로물루스와 레무스가 도시 건설지와 주도권을 놓고 다투다가 팔라티움 언덕에 도시를 세울 것을 주장하던 로물루스가 아벤티누스 언덕을 주장하던 레무스를 죽이는 일이 일어났다. 그 후 로물루스는 카피톨리움 언덕을 피난처(asylium)로 지정하고 라티움 지방에서 오는 추방자들을 받아들여 로마의 시민수를 늘렸다고 한다.

공화정 시기에 로마의 콘술들은 속주로 가기 전에 카피톨리움 신전에서 선서를 했고, 전쟁에서 돌아와 개선식을 했을 때 신전에서 예를 갖추어 제사를 지냈다. 또한 카피톨리움 신전에서는 원로원 회의가 열리기도 했다. 그런 점에서 카피톨리움 언덕은 정치의 중심지였다.

카피톨리움 언덕은 군사적인 기능도 담당했다. 기원전 390년에 갈리아인들이 로마를 침입했을 때 로마 시민들은 카피톨리움 언덕에서 7개월 동안 대치 상태에 있었다. 그 기간에 로

23

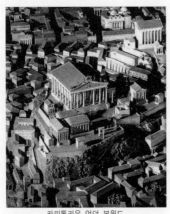
카피톨리움 언덕 복원도.

마는 갈리아인들의 약탈과 방화로 파괴되었다. 식량이 떨어지자 더 이상 버틸 수 없었던 로마인들은 황금을 주고서야 갈리아인들을 물러나게 했다. 7월 18일은 로마인들에게 국치일로 기억되었다. 적어도 서기 410년에 고트족의 로마 약탈이 있기까지 로마 역사상 유례가 없는 수치를 당하게 된 것이다. 로마 초기 역사상 치욕스러운 경험이었지만, 다행히 카피톨리움은 보존되었다. 로마 시민들은 갈리아인들이 물러가자 두께가 3.6미터, 높이가 7.2미터에 달하는 성벽을 쌓아 외침에 대비했다. 아벤티누스 언덕을 포함하여 총길이 8.8킬로미터의 성벽이 만들어졌는데, 이것이 세르비우스 왕이 쌓았다고 잘못 알려졌던 '세르비우스 성벽(Wall of Servius)'이다.

카피톨리움 언덕은 처형 장소이기도 했다. 언덕의 남서쪽에 있던 타르페이아 바위와 절벽이 그곳이다. 타르페이아는 초기 로마의 전설적인 인물로 사비니인들이 로마를 공격할 때 카피톨리움 언덕을 지키는 장군의 딸이었다. 그런데 그녀는 적으로부터 금팔찌를 얻으려는 욕심에 사로잡혀 조국을 배반했다가 오히려 적의 방패 위에서 그 바위 아래로 내던져져 죽음을 당했다. 그녀가 로마를 배반한 동기는 금이 아니라 적장을 사랑했기 때문이라는 전설도 있다. 이때부터 그 바위는 타르페이아 바위로 명명되었고 로마인들은 그 후 타르페이아 바위를 살인자들과 반역자들을 떨어뜨려 처형하는 곳으로 이용했다고 전해진다.

귀족정치의 산실 : 아레오파고스와 세나투스 로마누스

아테네인, 로마인도 인간이 평등하다고 생각하지는 않았다는 점에서 공통점이 있었다. 사회는 서로 다른 신분들의 모임이었다. 혈통이 우월한 자들과 그렇지 못한 자들의 차이는 한 인간이 태어나는 순간 확정되고, 신분의 꼬리표는 살아 있는 동안 그를 따라다녔다. 이러한 신분의 차이는 신들의 뜻이고 자연 질서로 간주되었다.

아레오파고스 회

그리스 신화나 호메로스의 글에는 그리스 국가들이 왕의 통치를 받은 것으로 되어 있으나 기원전 8세기 이후 그리스 역사에서 왕정은 쇠퇴했거나 현실 정치에서 비중이 약화되었다. 아티카 반도에 자리잡은 아테네 역시 신화에서는 여러 왕들의 이야기가 전해진다. 그러다가 아테네가 하나의 폴리스로 통합될 즈음이 되면 왕정이 폐지되고 귀족들의 과두정이 시작된 것으로 말해지고 있다.

아레오파고스 언덕.

그리스인은 인간이 신들에게 가까울수록 더 선하다고 생각했는데, 귀족들은 조상이 신이나 영웅의 후예라고 주장할 수 있는 '가장 선한 자들(aristoi, the best men)'이었다. 그들은 또한 많은 토지를 보유한 지주들이기도 했다. 스스로 무장해야 했던 고대 시대에 그들만이 말과 무기를 마련할 수 있는 경제력을 가지고 있었다. 따라서 신화와 역사가 교차하는 아테네 초기 사회에서 아테네 정치는, 혈통과 재산에서 우월했던 귀족들의 손에 달려 있었다. 귀족들은 사회적·종교적·경제적·군사적 능력을 근거로 해서 정치와 관직을 독점할 수 있었다.

처음에 종신직이었던 정무관의 임기는 10년으로 줄어들었다가 나중에 가서는 1년으로 확정되었다. 정무관 중에서 중요한 관직들로는 바실레우스(basileus), 폴레마르코스(polemarchos), 아르콘(archon)이 있었다. 그 중 가장 오래된 관직은 전통적인 지배자 바실레우스였다. 바실레우스는 원래 왕을 뜻하던 칭호였지만, 그리스에서는 촌장의 의미를 갖다가 점차 국가의 종교를 관장하는 관리로 그 기능이 축소되면서 아르콘 바실레우스(archon basileus)로 불렸다. 다음으로는 폴레마르코스가 추가

되었는데, 이는 어떤 바실레우스들은 강력한 전사들(warriors)은 아니었기 때문이다. 마지막으로 창설된 관직이 아르콘직인데, 귀족 출신 9인의 아르콘이 1년 임기로 선출되어 아테네 국가를 통치했다.

이처럼 귀족 출신 정무관들의 임기가 1년으로 줄어들자 이들이 그 뒤에도 국가를 위해서 봉사할 기회가 필요해졌다. 그래서 관직에서 물러난 귀족들을 위해 만들어진 것이 아레오파고스 회라는 모임이었다. 아레오파고스는 '아레스(Ares)의 언덕(Pagos)'이라는 뜻으로 아크로폴리스 언덕과 아고라 사이에 있는 작은 언덕이다.

신화에 따르면 그 언덕 아래에 샘이 있었는데, 그곳에서 아레스가 자신의 딸 아키페를 포세이돈의 아들 할리로티오스가 겁탈하려는 장면을 목격하고 분노를 이기지 못하고 할리로티오스를 현장에서 죽이는 사건이 발생했다. 그러자 포세이돈은 자기 아들을 죽인 아레스를 올림포스 신들로 이루어진 법정에 고소했으며, 살인 행위가 일어난 바로 그 언덕에서 최초의 살인 재판이 열리게 되었다. 사건의 전말을 들은 신들은 아레스의 행위를 정당하다고 인정해서

아크로폴리스에서 본 아레오파고스 언덕.

무죄를 선고했다. 이때부터 그 언덕은 '아레스의 언덕', 즉 아레오파고스로 명명되었고, 그 후 신과 인간들은 자신들의 분쟁을 아레오파고스 법정에서 처리하게 했다는 것이다. 정부(情夫)와 짜고 아버지를 살해한 어머니 클뤼타임네스트라를 죽인 아들 오레스테스에 대한 재판도 바로 아레오파고스에서 열렸다. 이처럼 신화에서 재판과 관련을 맺은 아레오파고스 언덕은 오늘날까지 그리스의 대법원의 이름으로 여전히 살아남았다.

귀족정치 하에서 아레오파고스 회(Council of Areopagos)는 국가 법률을 감시·감독하고 모든 무질서 행위에 대한 징벌권을 행사했으며 국가의 중대 사안을 논의하고 결정을 내렸다. 아르콘의 임명은 혈통과 부에 기초했고, 종신직이었던 아레오파고스 회 의원직은 오직 아르콘 역임자들에게만 개방되었기 때문에 이 기구는 아테네 귀족정치의 중심 기구였다.

세나투스 로마누스(Senatus Romanus, 로마 원로원)

아테네와는 달리 로마는 건국과 함께 왕(Rex)이 다스리는 나라였고, 기원전 753년부터 기원전 509년까지 244년 동안 7명의 왕이 왕정을 이어갔다. 왕은 정치·군사·종교·사회 모든 면에서 국가를 통치했으나 오리엔트에서처럼 신의 대리인이나 신의 아들이 아니라 로마 시민의 동의 하에 선출된 자였다. 로마의 왕은 씨족장들의 모임인 원로들의 자문과 지원 하에서 국정을 처리했다. 따라서 왕정만큼 오래된 정치 기구가 원로원이었다.

원로원은 초대 왕 로물루스가 자신을 왕으로 세우는 데 동의했던 100명의 가부장들의 모임으로 시작되었기 때문에 원로원 의원들은 '아버지들(patres)'이라고 불렸다. 결국 초기 원로원은 씨족장들의 모임인 셈이다. 그러다가 로마가 인근 라티움 지방의 부족들, 즉 라틴족들을 통합해가면서 그 유력자들이 원로원에 들어왔다. 왕정 말기를 거쳐 공화정 초기(기원전 575~450년)에 오면 원로원 의원 수는 300명으로 증가했고, 기원전 85년 술라 시대까지 그 규모를 유지했다.

왕정 시기에 원로원은 왕의 자문 기관이었다. 엄밀히 말해 법적인 권한은 없고 단지 그 구성원들의 사회적 신분에서 나온 권위만이 있었다. 그러나 '아버지들의 권위', 즉 아욱토리타스 파트룸(auctoritas patrum)이라는 말이 아주 오래 전부터 있었다는 점에서 판단해볼 때, 원로원의 충고는 상당한 무게를 지닐 수밖에 없었다. 특히 왕정의 초기단계에서 왕위가 세습에 의해서가 아니라 선거에 의해서 결정되었기 때문에 원로원의 역할이 아주 중요했다.

이론적으로 왕권은 왕에 취임(inauguratio)할 때 유피테르가 주는 것이었다. 그러나 실제로 왕을 선출하는 것은 원로원 의원들이었다. 왜냐하면 왕위 후보자를 지명한 이른바 간왕(interrex, 일시적인 왕권대행자)은 동료 원로원 의원들과 협의를 거친 후 유피테르 신에게 왕위 후보자를 추천하였기 때문이다. 원로원의 협의와 신들의 전조를 통과하면 인민은 민회에 모여 그에게 임페리움을 부여하는 법을 통과시킴으로써 그를 왕으로 추대했고 왕은 종신직으로 국가를 통치했다.

기원전 509년에 왕정이 폐지되고 2인의 콘술이 임페리움을 행사하는 공화정 시기로 오면 원로원은 더욱더 중요한 기구가 되었다. 콘술의 임기는 1년이었고, 콘술을 역임한 후에 그들이 원로원 의원이 되어 종신직으로 국가에 봉사했기 때문이다. 원로원의 결의(Senatus Consultum)는 법은 아니었지만 원로원의 권위에 힘입어 사실상 국가의 통치명령과 같았다. 기원전 27년 아우구스투스에 의해 원수정치가 시작될 때까지, 귀족 과두정의 성격이 강했던 로마 공화정 시기는 사실상 원로원의 지배 시대라 해도 과언이 아니었다. 아테네에서와는 달리 원로원 의원들의 모임 장소가 정해져 있지는 않았던 것 같고, 신전이나 회랑 등에서 그때그때 상황에 따라 회의가 열렸다.

광장에서 탄생한 문명 : 아고라와 포룸 로마눔

서양 고전 문화의 특징은 시민들의 문화이고 그것은 대부분 광장에서 이루어졌다. 그래서 시민들이 만나는 광장은 자연스럽게 정치·경제·종교 활동의 중심지가 되었다. 광장을 아테네에서는 아고라로 로마에서는 포룸으로 불렀다.

아고라(Agora)

아테네 중앙에 우뚝 솟은 아크로폴리스 언덕에서 한쪽을 바라보면 멀리 6킬로미터 떨어진 곳에 피라이우스 항구와 에게 해가 보인다. 그리고 눈을 돌려 반대편을 내려다보면 고대 아테네 시민들이 서로 만나 정치를 논하고 매매를 하고 제사를 드리고 논쟁을 벌이던 아고라 유적지가 보인다. 현재 아고라에는 헤파이스토스 신전을 제외하면 마치 한바탕 전쟁을 치르고 난 폐

아고라 유적, 위로 아크로폴리스가 보인다.

허의 현장 같다. 그러나 아크로폴리스가 신들이 사는 신성한 영역이었다면 아고라는 '죽을 수밖에 없는' 인간들의 삶이 생생하게 전개되는 삶의 현장이었다. 아고라는 '모이다(아게이로)'라는 그리스 동사에서 나온 말로 '민회, 민회가 열리는 장소, 즉 시장'을 뜻했다.

아고라는 무엇보다도 시장이었다. 고대에 아테네의 주산업은 농업이었기 때문에 오늘날처럼 시장 기능이 활발하지는 않았을 것이나 도자기나 금속 세공 등 수공업이 발달하면서 점차 시장으로서의 아고라의 중요성이 늘었을 것이다. 고대 아테네의 수공업자들은 생산자이면서 상인이었다. 그리스 세계에서 아테네의 위상이 올라갈수록 시장터로서의 아고라의 기능도 활성화되었을 것이다.

시장은 주로 주랑에 개설되었다. 시장에는 다양한 상품들이

아고라(항공사진).

나왔는데, 예나 지금이나 주종을 이룬 것은 보리, 밀 같은 곡물과 채소, 육류, 어류 등 식품이었다. 그 외에도 올리브유나 포도주를 담을 도자기, 투구, 창, 방패, 갑옷과 같은 중무장 보병들의 무기류, 농사를 지을 때 쓰는 농기구, 옷이나 신발 등 일상용품도 있었다. 또한 한편에서는 외국 각지에서 팔려온 '노예' 거래도 있었을 것이다.

아고라는 종교 생활의 중심지였다. 신전이나 제단 등 종교와 관련된 유적들이 흩어져 있었는데 기원전 5세기 중엽에 세워져 비교적 완전한 형태를 유지하고 있는 헤파이스토스 신전이 오늘날 아고라 한 귀퉁이를 차지하고 있다. 그 신전은 한때 테세이온, 즉 테세우스 신전으로 잘못 알려져 있었는데, 고고학적 발굴로 청동 주물 작업장과 철공소의 흔적이 발견됨으로써 대장장이의 신 헤파이스토스 신전으로 확정되었다. 헤파이스토스 신전 외에도 아고라에는 소규모 신전들이 많이 있었다. 아고라 서쪽 구역에는 아폴론 신전이 있었고, 그 옆에는 자유의 수호신 제우스 신전이, 그 앞에는 전쟁 신 아레스 신전이 서 있었다.

그러나 아고라는 또한 정치의 중심지였다. 아고라가 공공모임 장소로 자리잡기 시작한 것은 기원전 6세기 초 솔론의 개혁 시기였던 것으로 보인다. 그 뒤로 아고라에는 정치·행정·재판과 관련된 공공건물들, 신전들, 조각상들, 상점들이 들어섰기 때문이다. 아고라는 무엇보다도 아테네 민주정치의 현장이었다. 그곳에는 정치와 관련되는 여러 공공건물들이 자리잡고 있었다. 500인 협의회관과 톨로스가 있었다. 협의회관은 500인 협의회가 정기적인 회의를 열며 업무를 수행하던 곳이었다. 500인 협의회는 클레이스테네스의 개혁으로 등장한 일종의 민주정치의 집행 기구라 할 수 있다. 아테네의 10개 부족으로부터 부족당 50명의 의원들을 1년 임기로 추첨 선발해서 만들어진 500인 협의회는 민회에서 해결해야 할 안건들을 조정하고 민회에서 의결한 사항들을 집행했다. 500인 협의회 의원들은 다시 50명씩 추첨으로 선발해서 1년의 10분의 1에 해당하는 기간을 협의회관에 모여 업무를 보았다.

아고라에는 10개 부족의 시조 영웅을 묘사한 청동상들이 대좌 위에서 일렬로 세워져 있었는데, 지금 영웅들의 상은 사라지고 대좌만 남아 있다. 각 부족의 이름은 이들 영웅들의 이름으로 불리어졌다. 대좌의 정면에는 흰 목판에 아테네인들에게 알리는 공지 사항이 수시로 게시되었을 것이다. 아테네인들은 아고라에 와서 자기가 속한 부족의 소속감을 확인하고 또 그날그날 전달되는 공지 사항들을 접했을 것이다. 그리고 정확히 알 수는 없지만 기원전 6세기까지 그 근처 어디인가에서 민회를 가졌을 것으로 추정되고 있다. 기원전 6세기 말 클레이스테네스 개혁 이후에 민회는 주로 프닉스 언덕에서 열렸고, 기원전 4세기 말 이후에는 디오니소스 극장에서 열렸다. 아고라는 민회의 출발이었던 것이다.

또한 아고라에는 시민들의 재판을 담당했던 시민법정이 있었다. 시민법정에서는 30세 이상의 아테네 시민들 가운데 추첨으로 뽑힌 배심원들이 재판을 담당했는데, 매년 6,000명의 배심원들이 추첨으로 선출되었다. 재판이 열리면 그날 재판에 참여한 배심원들 중에서 즉석 추첨으로 재판을 담당할 배심원들이 선정되었다. 배심원 수는 재판의 비중에 따라 달랐다. 예를 들어 소크라테스의 재판은 501명의 배심원이 재판을 담당했다. 재판은 보통 하루 안에 끝났으며, 시민법정이 최종심이므로 아테네 재판은 단심제였다. 중요한 것은 아테네에서 재판을 담당한 것이 직업적인 판사, 변호사, 검사가 아니라 배심원단으로 선출된 일반 시민들이었다는 점이다. 어떤 특정 재판에 배심원으로 뽑히는 것은 모두 추첨에 의해 처리되었고, 배심원들은 보통 사람들의 상식적인 판단에 따라 재판을 했다. 고소한 당사자가 직접 나와서 고소 이유를 밝히고 형량을 제시하기도 했다. 고소당한 피고도 자신이 직접 출두하여 스스로 변론을 했다. 예를 들어 소크라테스는 기원전 399년에 "폴리스가 인정하는 신들을 믿지 않고 다른 새로운 신성을 끌어들임으로써 청년들을 타락시켰다. 죄상은 사형을 요구한다."는 내용으로 유력인사의 지시를 받은 한 시민 멜레토스에 의해 고발되었다. 소크라테스는 자기야말로 참으로 청년들을 교육하는 아테네의 양심이라는 것을 진술하고 폴리스의 신들을 믿지 않는다는 비난은 중상모략이라고 변호했다. 그러나 배심원들은 281표 대 220표로 그의 유죄를 인정했다. 아테네의 시민법정은 고소자도 피고도 배심원도 보통 시민들이었던 것이다. 이처럼 아고라는 아테네의 경제·종교·정치와 사법의 중심지였던 것이다.

포룸 로마눔(Forum Romanum, 로마 광장)

로마인들도 포룸이라 부르는 광장에서 만나 일상 업무와 공적 업무를 처리했다. 최초의 포룸은 카피톨리움 언덕, 팔라티움 언덕, 에스퀼리누스 언덕 사이에 있던 로마 광장이었다. 원래 그곳은 사람이 살기에 적절하지 않은 습지였는데 왕정 시대에 타르퀴니우스 프리스쿠스 왕이 대하수도(Cloaca Maxima)를 설치하고 간척 사업을 해서 이용 가능한 토지로 만들었다. 그러나 실제로 그 저지대에서 할 수 있는 일은 많지 않았다. 시간

로마 광장,
위가 카피톨리움 언덕이다.

35

카피톨리움 언덕에서
내려다본 로마 광장.

이 가면서 로마 광장은 물건을 사고파는 시장으로 이용되었다. 그러다가 자연스럽게 시민들이 모이는 공공장소들이 생겨났고, 공공건물들이 세워지면서 특히 로마 정치의 중심으로 자리잡게 되었다. 로마 광장에는 또한 신전들이 세워지면서 종교 활동의 무대가 되었다. 기원전 1세기 말이 되면 로마 광장 옆에 카이사르 광장을 시작으로 아우구스투스 광장, 네로 광장, 트라야누스 광장 등 황제들의 광장이 잇달아 자리를 잡게 되었다. 이처럼 로마가 일곱 언덕을 중심으로 한 촌락들로부터 도시국가로, 그리고 제국의 중심으로 성장하면서 광장의 규모와 내용이 발전해갔다. 로마인들이 가는 곳마다 모든 도시의 중심에는 로마 광장을 모델로 한 광장들이 들어서고 그곳은 자연스럽게 시민들의 공적·사적 생활의 중심으로 발전해갔다.

'시민이 결정한다' : 에클레시아(Ekklesia)와 코미티아(Comitia)

서양 고대 정치의 특징은 시민들이 국가의 중요한 문제 결정에 직접 참여한다는 것이다. 시민들 사이에 귀족과 평민이라는 신분적 차이는 있지만 투표권, 즉 공적인 문제에 대한 결정에 참여할 권리는 귀족·평민 할 것 없이 모두 1인 1표제로 동등했다. 시민들은 누구나 민회에 참가해서 투표함으로써 국가의 주인임을 확인할 수 있었다.

아테네의 민회 : 에클레시아

아테네 시민들의 총회인 민회, 즉 에클레시아는 'ek(밖으로)'와 'caleo(부르다)'의 합성어로 '어떤 문제를 결정하기 위해 부름 받은 자들의 모임'이라는 뜻이다. 민회는 귀족정치 하에서도 존재했으나 민주정치의 발전과 함께 그 권한이 강화되었다. 처음에 민회는 전쟁과 평화를 결정하고 최고 정무관인 아르콘을 선출하기 위하여 소집되었다. 그러나 귀족들만이 아르콘이 될 수 있었기 때문에 민주적이지는 않았다. 시간이 가면서 점차 귀족과 평민 사이의 긴장이 고조되자 민회는, 드라콘과 솔론을 입법자로 임명하는 문제와 같은 국가 중대사를 결정하기 위하여 소집되면서 힘을 갖게 되었다.

아테네 민회는 기원전 594년 솔론의 개혁으로 그 권한이 강화되었다. 민회가 정무관이나 아레오파고스 회의의 필요에 의해서 부정기적으로 소집되는 것이 아니라 일정한 원칙에 따라 모임을 갖게 되었다. 솔론의 입법에 의해 그리고 데모스(민중)의 정치의식의 각성과 자신감의 증대로 민회가 국가의 중요한 문제들을 논의하고 결정하는 비율이 높아졌다. 그리고 민회가 정무관들의 선출에서 실질적인 역할을 했다.

민회는 기원전 508년 클레이스테네스의 개혁에 의해 아테네의 중심 기구로 발전했다. 20세 이상의 성인 남자 시민들의 모임인 민회는 500인 협의회 의장에 의해 소집되었다. 그리고 프리타네이아(prytaneia)[8])마다 4번의 정기 모임이 있었고, 협의회 의장이나 소집이 필요하다고 판단하거나 장군들이 소집을 요구할 때 임시 민회가 소집될 수 있었다. 당일의 협의회 의장이 민회의 의장이 되었다. 협의회는 토의 안건이나 법률안의 초안을 마련했고, 그것은 민회에 모인 시민들의 토의를 거쳐서 원안대로 수용되거나 거부되거나 또는 수정해서 확정되었다.

아테네의 민회가 전성기를 누린 것은 페리클레스(Pericles, 기원전 492~429년) 시대였다. 민회에 참석한 모든 시민은 누구나 동등하게 발언할 권리가 있었고 정무관들이라고 해서 발언에 특권은 없었다. 외국에서 온 대사들과 외교 사절들도 필요한 경우 민회에서 연설을 할 수가 있었다. 표결은 보통은 거수에 의해 다수결 원칙에 따라 처리되었다. 개인의 신상에 영향을 미치는 결정이 내려질 경우, 즉 재판 사건·도편추방투표·시민권의 부여 등의 경우에는 부족 단위의 비밀 무기명 투표와 6,000명 이상의 찬성표가 요구되기도 했다. 투표를 할 때 아테네 시민들은, 도편추방 투표를 제외하고, 조약돌(Psephos)을 던져서 자신의 의견을 표시했고,[9]) 따라서 민회를 통과한 법률을 'Psephisma(프세피스마)'라고 불렀고, 다수의 아테네 법령들이 비문으로 남아 있다.

사실 아테네 민회가 모든 사안을 시민들의 투표로 결정한 것은 아니었다. 특별히 전문적 지식이 필요한 직종, 즉 장군직 (Strategos), 건축 기사, 사절, 공공의 토목공사를 관리하는 특별 위원들은 시민이 직접 선거로 선출하고, 탄핵 소추된 정무관들을 심판했으나 사실 로마의 민회들과 같은 선거 기능은 대단히 제한적이었다. 대부분의 관직이 추첨에 의해 선출되고 어느 시민도 다른 시민이 관직을 경험할 때까지는 같은 관직에 중임될 수 없었기 때문이다.

아테네 민회의 주기능은 국가의 중요 문제에 대한 민회 결의를 만들어내는 것이었는데, 그것의 효력은 다양하고 광범위하게 영향을 끼쳤고 오직 법률에 의해서만 제한을 받았다. 기원전 5세기에 아테네 민회는 법뿐만 아니라 법에 준하는 효력을 가진 민회 결의를 채택할 수 있었다.

아테네 민회는 아테네 민주정치의 구현체였다. 민회는 전 시민에게 정치에 직접 참여할 수 있는 길을 열어주었다. 일상화된 공무는 협의회에서 담당해서 처리했지만, 중요한 문제들은 민회의 토론을 거쳐서 확정되었다. 어떤 민회의 결정들은 일시적인 감정과 분위기에 따라 나오기도 했지만, 대개 시민들은 국가 문제를 책임 있게 해결하려고 노력했다. 민회는 아테네 시민들의 공정한 대변 기구였다. 기원전 5세기의 평화시에 민회 참석자 수는 여전히 5,000명을 넘었는데, 많은 시민들이 농촌에 살고 있었다는 당시 사정을 고려할 때 이는 상당히 많은 숫자이다. 펠로폰네소스 전쟁 이후 민중이 더 가난해

지고 민회 참석률이 저조해지자 참석자들에게 수당을 주기 시작했다. 처음에는 1오볼로스였다가 기원전 327년에 오면 6오볼로스가 되고, 각 회기의 중요 모임에는 9오볼로스로 수당액이 늘었다. 아테네 민중은 민회를 통해서 자신들의 의견을 국정에 반영할 수 있었다.

로마의 민회들 : 코미티아(Comitia)

로마인들은 어떤 문제들을 해결하기 위하여 결정을 내려야만 할 때 혼자서 독단적으로 하기보다는 여러 사람들의 의견에 귀를 기울이곤 했다. 귀족들은 자기 가족의 문제를 결정할 때에도 친구들을 불러서 그들의 의견을 듣곤 했다. 따라서 로마인들은 국가의 중요 문제들에 대해서는 반드시 로마 시민들의 모임, 즉 '코미티아(Comitia)'에서 결정했다. 코미티아는 'coeo(같이 모이다)'에서 나온 말로 '코미티움'의 복수형이다. 아테네인들이 하나의 민회(Ekklesia)를 가진 데 비해서 로마인들은 세 개의 서로 다른 투표 단위─쿠리아, 켄투리아, 트리부스─로 구성된 4개의 민회들을 가졌기 때문이다. 아테네 민회가 1인 1표제에 근거한 다수결 원칙에 따라 공식적인 결정을 내린 반면, 로마의 민회들은 로마 시민들을 특정한 투표 단위로 분류한 다음, 그 투표 단위 내에서 1인 1표제에 의해 투표를 하고 투표 단위별로 투표 결과를 집계해서 다수결 원칙에 따라 그 투표 단위의 표를 확정하고, 그 뒤에 투표 단위들의 표를 하나씩 추첨으로 공표해서 과반수를 먼저 얻는 쪽을 시민의 뜻으로 받아들였다. 이런 식의 로마 민회의 투표제도를 '단위투표제' 또는 '집단투표제'라 한다. 각각의 로마 민회들에 대해서 알아보자.

①쿠리아 회(Comitia Curiata)

로마 최초의 민회는 쿠리아 회였다. 쿠리아는 로마의 사회 단위 - 가족(Familia), 씨족(Gens), 쿠리아(Curia), 부족(Tribus) - 중 특정 지역에 거주하는 씨족들의 모임으로 로마사 초기에 모두 합해서 30개의 쿠리아가 있었다. 그리고 로물루스 시대에 10개의 쿠리아가 각기 하나의 부족을 형성해서 로마는 3부족[티티에스(Tities), 람네스(Ramnes), 루케레스(Luceres)] 체제로 출범했다.[10] 그 중에서 쿠리아는 로마 공동체의 공적 영역에서 가장 중요한 사회 단위였다.

쿠리아 회는 쿠리아에 속해 있고, 무장 가능한 모든 성년남자들의 총회였으며 혈통귀족(Patricii)에 의해 지배되었다. 쿠리아는 그 자체가 시민단체였기 때문에 로마인이 어떤 쿠리아에 속했는지가 아주 중요했다. 왕정 시대의 가장 중요한 쿠리아 회의 기능은 왕을 선출하는 것이었다. 쿠리아 회는 왕을 공식적으로 결정했고, 왕에게 군대 명령권과 민간인 통치권을 포괄하는 '임페리움을 수여하는 법(Lex curiata de imperio)'을 제정했다. 그러나 쿠리아 회에 완전한 선출권이 있었던 것은 아니다. 간왕(Interrex)이 지명하고 원로원이 승인한 왕 후보자를 쿠리아 회가 투표로 결정한 것이다. 또한 쿠리아 회는 시민에 대해 사형 언도를 내린 것을 확정하거나 전쟁 또는 정치적 위기시에 왕에 대한 충성을 선서하기 위하여 소집되었다. 쿠리아 회는 사제 취임식이나 유언에 의한 양자 인정, 귀족과 평민의 신분 이동- 즉, 귀족이 평민으로 또는 평민이 귀족으로 신분을 바꾸는 것- 의 승인권이 있었다.

그러나 쿠리아 회는 왕이 소집할 때에만 열렸으며, 투표는 행해지지 않았고 완전 무장한 쿠리아 회원들이 대개 창과 방패를 높이 쳐들고 함성을 지르면서 만장일치로 가결하는 것이 관례가 되었다.

공화정 시기에는 쿠리아의 대표들만이 모여 콘술, 프라이토르, 독재관에게 임페리움을 부여하는 '임페리움에 관한 쿠리아 법'을 제정했다. 또한 기원전 59년 카이사르가 대사제였을 때 귀족 클로디우스가 평민신분이 되는 것을 승인했으며, 카이사르의 유언에 의해 양자가 된 옥타비아누스가 법적으로 양자임을 승인한 것도 쿠리아 회였다. 중요성은 많이 약해졌지만 공화정 말과 원수정 초기까지 쿠리아 회는 그 기능을 유지했던 것이다.

②켄투리아 회(Comitia Centuriata)

켄투리아 회는 제6대 세르비우스 툴리우스 왕 치세에 군대 조직을 토대로 해서 만들어진 민회였다. 켄투리아라는 말은 100을 뜻하는 라틴어 '켄툼(centum)'에서 왔다. 그러나 1개 켄투리아의 인원이 정확히 100명이었던 것은 아니다. 켄투리아 회는 전 시민의 병역 의무를 전제로 재산과 무장 정도에 따라 시민들이 193개 켄투리아(기병 equites 18C, 보병 Pedites 170C. 비무장병 5C)로 조직되었다. 기병은 귀족 출신 장교들로 로물루스 왕 때 3부족에서 각각 2켄투리아씩 모두 6개의 켄투리아가 있었고, '6표(sex suffragia)'라고 지칭되었다. 여기에 12켄투리아가 추가되면서 기병은 모두 18켄투리아(대략 1,800명)가 되었다. 이들은 국가가 제공하는 말을 타고 복무했기 때문에 '국마(國馬)를 타는 기병(equites equo publico)'이라고 불리었고, 제일 먼저 투표할 수 있는 권리를 가지고 있었다.

로마군의 주력인 보병 170켄투리아는 주로 평민 출신으로 구성되었고, 재산에 따라 5등급으로 나뉘었다.

켄투리아 명		켄투리아	토지 (유게라)	재산 (아세스)	무장 형태
기 병		18		10만 이상	말
보 병 (아씨두이)	1등급	80	20	7만5천-10만	갑옷, 투구, 둥근방패, 정강이보호대, 장창, 검
	2등급	20	15	5만-7만5천	투구, 직사각형방패, 정강이보호대, 장창, 검
	3등급	20	10	2만5천-5만	투구, 직사각형방패, 장창, 검
	4등급	20	5	1만1천-2만5천	직사각형방패, 장창, 검
	5등급	30	2.5	1만1천 이하	투창, 투석기
비무장병		5			공인 1, 나팔수 2, 보충병 1, 프롤레타리이 1
계		193			

켄투리아 회의 구성.

보병 켄투리아를 재산에 따라 5개 등급으로 구분한 것은 기하학적 평등사상에 입각한 것이었다. 그에 따르면 적과 싸울 때 시민은 재산이 많을수록 그만큼 더 재산과 생명을 지키기 위해 용감히 싸우며 국가 방위를 위해 세금도 더 많이 내기 때문에 더 많은 정치적 권리가 주어져야 한다. 반면에 재산이 적거나 없는 시민은 병역도 전쟁세도 면제되고 그에 따라 참정권도 없는데, 그것이 형평의 원리에 부합한다는 것이다.

투표는 기하학적 평등사상에 의해 먼저 기병이 투표하고 18표의 개표 결과가 공표되고 나면, 보병 1등급 80켄투리아가 투표했다. 대개 기병과 보병 1등급이 투표하면 개표 결과가 일치하여 과반수를 넘었기 때문에 투표는 종료되었다. 만일 과반수가 되지 못하면 보병 2, 3, 4, 5등급으로 계속되었다. 결국 켄투리아 회는 솔론의 금권정치에서와 같이 기하학적 평등사상에 근거했으나 아테네 민회처럼 1인 1표제의 다수결 원리가 통용되지 않았기 때문에 민주적인 민회라고 말할 수는 없다.

공화정기에 오면 켄투리아 회는 마르스의 광장에 모여서 선거·입법·사법 등 중요 정책의 결정권을 행사했다. 켄투리아 회는 기원전 509년 공화정이 시작된 이래 로마군 최고사령관이자 최고정무관인 2인의 콘술, 기원전 443년부터 센서스 조사를 위해서 선임된 2인의 켄소르, 기원전 366년부터 재판을 담당하기 위하여 창설된 프라이토르 등 대정무관들을 선출했다.

켄투리아 회는, 기원전 218년에 평민회의 입법권이 인정되어 그 뒤에 대부분의 입법을 행할 때까지, 가장 중요한 입법기 관이었다. 또한 국가반역죄와 같은 중대 재판의 경우 켄투리 아 회에서 사형이나 국외 추방을 결의하기도 했다. 그 외에도 켄투리아 회는 선전 포고, 강화 조약, 군사 동맹과 같은 주요 국가 정책을 투표로 결정하는 공화정 최고 기관이었다.

③트리부스 인민회(Comitia Tributa)

트리부스 인민회는 제6대 왕 세르비우스 툴리우스 때 군대 소집, 세금 징수 등 행정적 목적을 위해 설치된 민회인데 공화 정 시기에 오면 정무관의 선출·입법·재판을 행하게 되었다. 혈연부족을 의미하는 트리부스는 로물루스 왕 초기에 3개였 으나 상업과 수공업의 발전에 따라 로마 시의 인구가 증가하 고 로마의 영토가 인근 라티움 지방으로 확대되자 혈연에 입 각한 트리부스 제도는 변화가 불가피했다. 그래서 3개의 혈연 적 트리부스 제도가 폐지되고 20개의 지역 행정구 트리부스가 만들어졌는데, 그 중 4개는 도시 트리부스(Suscusana, Esquilina, Collina, Palatina)이고 16개는 농촌 트리부스였다. 로마 시민은 혈통이나 토지 소유가 아니라 특정 트리부스의 거주로서 로마 시민단에 편입되었다.

로마가 이탈리아 반도로 팽창하면서 트리부스의 수가 늘어 기원전 241년에 트리부스 수가 35개로 최종 확정되었고, 그 후에 편입되는 영토는 기존의 트리부스에 편입되었다. 따라서 기원전 241년부터는 35개 트리부스(Tribus XXXV)가 '전 로마

인민(Universus Populus Romanus)'을 뜻하게 되었다.

켄투리아 회가 끝나면 곧 콘술이 주재하여 소집되었던 이 트리부스 인민회는 선거·입법·재판 기능을 가지고 있었다. 그 중에서도 주기능은 재판과 재무를 담당하는 콰이스토르, 로마의 경기를 개최하고 치안·위생·건물·시장·곡가를 감독하는 아이딜리스 등 소정무관을 선출하는 것이었다. 그리고 입법, 벌금형의 부과와 같은 재판도 있었다. 대체로 한 트리부스당 약 2,000명씩 70,000여 명의 시민들이 투표장에 모여 투표한 것으로 알려져 있다. 정무관을 선출할 때는 트리부스 별로 동시에 투표를 했지만, 입법과 재판의 경우는 '한 트리부스'씩 정해진 순서에 따라 투표를 했다.

④트리부스 평민회(Concilium Plebis Tributum)

공화정 중기에 가장 중요한 정치적 의미를 가진 민회는 트리부스 평민회였다. 그것은 귀족들의 관직 독점과 자의적 재판에 반대하여 기원전 471년에 신분 투쟁을 벌였던 평민들이 쟁취한 민회였다. 평민회에서는 호민관의 주재 아래 호민관, 평민 아이딜리스 등 소정무관과 식민시건설위원, 농지분배위원을 선출했다.

평민회에서 나온 평민회의 결의(plebiscita)는 평민들의 이해관계가 반영된 평민들의 결의사항이었기 때문에 귀족들에게는 구속력은 없었다. 그러나 기원전 287년에 호르텐시우스 법에 의해서 평민회의 결의도 법적 구속력을 갖게 되었다. 더 나아가 기원전 218년부터는 켄투리아 회에서 제정되었던 중요 국법을 원로원이 호민관들에게 요구하여 평민회에서 제정한 다는 합의에 따라 평민회는 중요한 입법기관이자 정치기관으로 부상했다.

정치의 두 기둥 : 민주정치와 공화정치

아테네 민주정치의 등장 : 클레이스테네스의 개혁

아테네가 인류 역사에 끼친 위대한 업적은 많이 있지만 오늘 날까지 그 힘을 발휘하고 있는 것 중의 하나는 민주정치이다. 민주정치(Democracy)라는 말은 그리스어 데모크라티아(Demokratia)에서 왔는데, 이는 '데모스(Demos, 민중)의 지배 체제(Kratia)' 즉, 민중이 다스리는 정치 체제라는 뜻이다. 아테네인들도 처음부터 민주정치를 한 것은 아니었다. 앞에서 보았듯이 아테네 정치사는 왕정으로 시작되어 귀족정치, 금권정치를 거쳐 페이시스트라토스의 참주정치로 이어졌기 때문이다. 일인 독재 체제였던 페이시스트라토스의 참주정치는 기원전 528년에 그가 죽자 두 아들 히피아스와 히파르코스에게로 넘어갔다. 그러나 기원전 513년에 동생 히파르코스가 살해된 후로 폭정을 거듭하던 히피아스는 외세 스파르타의 후원을 얻은 귀족들의 반참주운동으로 권좌에서 쫓겨난 후 페르시아로 망명해버렸다.

참주 히피아스를 축출한 귀족들의 반참주운동은 '독재 타도'의 기치 아래 추진되었지만 기본적으로 반동적인 정치 투쟁이었다. 그것은 귀족정치로의 복귀를 목표로 했기 때문이다. 쫓겨난 참주 세력도, 다시 권력을 잡은 귀족 세력도 아테네 민중(데모스)의 정치적 잠재력을 눈여겨보지 못했다. 반참주운동은 데모스의 지지를 얻지 못한 귀족들의 운동이었던 것이다.

헤로도토스는 저서 『역사』(5, 66-81, 89-94)에서 참주 히피아스가 추방되고 나서 아테네에서 벌어진 일련의 사건들을 보고한다. 그에 따르면 참주정 하에서 망명 생활을 하던 귀족들과 국내에 남아 참주 타도를 위해 힘을 합쳤던 귀족들 중에 두 지도자가 권력 투쟁을 벌였는데, 한 사람은 알크마이온 가문의 클레이스테네스이고 또 한 명은 역시 명문 귀족 출신인 테이산드로스의 아들 이사고라스였다. 기원전 508년에 이사고라스가 아르콘직에 당선됨으로써 정적이었던 클레이스테네스와 그 일파는 패하게 되었다. 그러자 자신의 정치적 열세를 만회하기 위하여 클레이스테네스는 그때까지 무시되어온 존재인 데모스들에게 손을 내밀었다. 즉, 당파에 있어 힘이 달렸던 클레이스테네스는 '민중과 손을 잡음으로써' 자신의 정치적 입지를 회복하려 했다는 것이다.

사실 그때까지 클레이스테네스가 특별히 아테네 민중의 이익을 대변할 만한 민중 지향적 정치가였다는 근거는 발견되지 않는다. 그는 참주정 치세인 기원전 525~524년에 아르콘으로 선출된 바도 있고, 참주정 타도를 위하여 두 번이나 귀족들과 연합한 것으로 보아 중도파의 길을 걷던 귀족 가문의 한 사람일 뿐이었다. 그가 중도파의 우두머리가 될 수 있었던 것은 그가 속한 알크마이온 가문의 재력에 근거한 것일지도 모른다. 어쨌든 참주정이 무너진 뒤에 이사고라스와의 권력 투쟁에서 패했던 클레이스테네스가 복귀될 수 있었던 것은 그가 제시한 '클레이스테네스의 개혁안'의 내용이 민중의 지지를 얻었기 때문인데, 그 핵심 내용은 부족제의 개편과 500인 회의 창설이었다.

아리스토텔레스의 『아테네인의 국제』(21, 1-6)에 따르면 그때까지 아테네 국가는 지연·혈연이 서로 얽힌 4개의 부족(phyle)으로 되어 있었고, 부족 구성원은 세습되었다. 클레이스테네스는 4부족으로 나뉘어 있던 아테네 시민을 10부족으로 개편하는 정책을 제시했다. 옛 4개의 부족은 종교적 목적 때문에 계속 남아 있었다. 그러나 클레이스테네스에 의해 새로이 편성된 10개의 부족은 전통적인 4개 부족 단위와는 달리 전적으로 지역에 근거를 둔 것이었다. 새로운 부족의 편성은 다음과 같은 방식으로 진행되었다. 우선 아티카 지방이 크게 세 지역 ─ 즉, 도시지역(Asty), 해안지역(Paralia), 내륙지역(Mesogeios) — 으로 나뉘었다. 그리고 세 지역은 다시 트리튀스(Trittys, 복수 Trittyes)라 부르는 10개의 중간 행정 구역들로 나뉘었기에 모두 30개의 트리튀스가 만들어졌다. 각각의 트리튀스들은 데모스(Demos)라 부르는 기초 행정구들로 이루어졌다. 그는 부족을 편성하기 위해서 세 지역에서 각각 하나의 트리튀스들을 추첨으로 뽑아서 하나의 부족을 만들었다. 그래서 한 부족에는 도시 지역, 해안 지역, 내륙 지역으로부터 각각 하나씩 추첨된 3개의 트리튀스가 인위적으로 서로 섞이게 되었고, 모두 합해 10개의 부족이 아테네 국가를 구성하게 되었다.

이제 아테네 시민은 아티카의 어느 데모스에 살기 때문에 어떤 부족의 구성원이 되었다. 그러나 앞에서 보았듯이 하나의 부족을 형성한 세 개의 트리튀스들은 아티카 반도의 서로 다른 지역들에 속해 있었기 때문에 부족원 사이의 지역적인 연대감이 약화되었고, 가장 작은 행정 단위인 데모스가 가장 중요하게 되었다. 아티카에는 140개 정도의 데모스들이 있었다. 아마도 클레이스테네스의 개혁이 있기 전에 아티카 여러 지역에서 데모스라는 지역 조직들이 존재했던 것 같다. 그런데 클레이스테네스는 이 데모스 조직을 아티카 전체로 확대시켰다. 그 과정에서 아테네 도시도 데모스들로 나뉘었고, 다른 지역들에 있던 조직체들도 데모스라는 이름으로 재편되었던 것이다.

이제 데모스가 아테네 정치의 기본이요 핵심이 되었다. 각 데모스에는 데모스에 속한 성인 남자들의 모임인 구민회(區民會)와 데모스가 선출한 데마르코스(Demarchos)라는 1년 임기의 구장(區長), 그리고 구성원의 이름이 등재된 데모스 명부가 있었다. 아들이 18세 성년이 되면 아버지는 그를 데모스 구민들에게 소개했고, 여기서 그 혈통이나 나이를 심사해서 문제가 없으면 데모스 명부에 등재했는데, 그것이 곧 아테네 시민 명부였다. 모두 합쳐 140여 개에 이르렀던 데모스들은 크기도 다양했다. 가장 큰 데모스 아카르나이(Acharnae)는 그 자체가 하나의 트리튀스인 반면에 10개의 데모스가 모여서 하나의 트리튀스를 이룬 경우도 있었다. 데모스 성원들은 개혁이 시행되던 당시 거주지를 중심으로 편성되었고, 나중에는 데모스가 세습되었다. 그래서 어떤 사람이 아티카의 다른 지역으로 이사를 가도 부계 조상이 소속됐던 데모스의 구성원으로 남아 있게 되었다.

데모스들이 모여서 만들어진 부족에는 부족 차원의 신전, 사제가 있었고, 부족의 성인 남자 시민들의 모임인 민회는 부족의 관리들을 선출했다. 부족은 또한 그 자체가 하나의 군사 단위였다. 클레이스테네스 개혁 이후로 중장보병으로 이루어진 아테네 군대는 각 부족 단위로 편성되었고, 부족마다 탁시아르코스(Taxiarchos)라고 부르는 지휘관들이 부족을 통제했다. 게다가 부족은 아테네의 정무관이 선출되거나 추첨되는 단위였다. 기원전 501년에 법이 제정되어 해마다 아테네 민회는 10명의 장군(Strategos)들을 부족당 한 사람씩 선출하게 했고 이

원칙은 다른 정무관들에게도 확대되었다. 이처럼 클레이스테네스의 부족제의 개편은 기초 행정구인 데모스가 중심이 되고 모든 아테네 정치가 부족 단위로 운영되는 새로운 정치 제도를 만들어내게 되었다.

클레이스테네스의 두 번째 개혁 내용은 500인 협의회(Boule)의 창설이었다. 500인 협의회는 아테네 민회에서 결의할 사안과 의사일정을 마련하고, 민회에서 통과된 정책을 집행하는 일종의 행정기관으로 몇몇 종교적·사법적 문제를 제외한 모든 공적인 문제들, 즉 재정·전쟁·외교 정책의 실무 추진체였다.

500인 협의회는 각 부족당 50명씩 추첨 선발된 1년 임기의 회원들로 구성되었다. 피선거권은 데모스의 규모에 비례하여 3등급 시민인 제우기타이(Zeugitai) 이상의 시민을 부족별로 취합하여 후보자 명부를 작성하고 그 중에서 50명을 추첨으로 선출했고, 중임을 불허했다.

500인 협의회는 일상 업무를 처리하기에는 너무 많은 수였다. 따라서 50명 단위로 10개의 근무조(Prytaneis)를 편성해서 1년의 10분의 1씩, 즉 약 36일씩 업무를 담당했다. 근무조원들은 아고라의 톨로스(Tholos)라고 부르는 둥근 건물에서 침식을 하면서 공무 수행했다. 500인 협의회 의장은 날마다 교체되었으며 민회의 의장을 겸했다.

아리스토텔레스가 "클레이스테네스는 데모스에게 정권을 넘겨주어서 민중을 끌어들였다."고 말했듯이 시민에게 제시한 개혁 강령을 보고 시민이 주체적으로 참여하여 지지하였기 때문에 클레이스테네스의 개혁은 데모스의 지배, 데모스 크라티아를 향한 첫 발자국이었다.

그때까지만 해도 아테네 시민 명부는 귀족들의 수중에 있던 프라트리아(phratria) 명부였다. 클레이스테네스를 포함한 귀족들이 히피아스를 몰아내자마자 프라트리아 명부를 정리하여 페이시스트라투스의 지지자로서 시민이 되었던 자들을 숙청한 것은 프라트리아의 지배권을 강화하여 귀족 과두지배로 돌아가려는 의지의 표현이라고 할 수 있다.

그러나 아테네의 민중은 데모스의 참여를 배제한 참주정치도 원치 않았지만 또다시 귀족들만이 정치를 독점하는 과두체제도 원치 않을 만큼 정치에 참여할 준비가 되어 있었다. 그래서 권력 투쟁에서 밀려난 클레이스테네스가 데모스의 정치적 성숙과 잠재력을 인식하고 자신의 정치적 열세를 만회하는 데 힘이 되는 세력으로 보았을 때 지도자와 민중이 손을 잡을 수 있었다. 결국 클레이스테네스가 제시한 개혁안은 정치적으로 성숙한 아테네 시민의 지지와 참여에 의해 실현될 수 있었기 때문에 단순히 '그의' 개혁이라기보다는 '데모스 혁명', 즉 민주 혁명이라 할 수 있을 것이다.[11]

로마 공화정치와 혼합 정체론

로마가 지중해 세계를 정복해서 통치할 수 있었던 비결은 어디에 있는가? 기원전 2세기 그리스 역사가였던 폴리비오스

(Polybios, 기원전 200~118년경)는 로마정체, 즉 공화정체의 우수성에서 그 답을 구했다. 사실 로마 공화정은 로마의 팽창에 기여했을 뿐만 아니라 오늘날까지 아테네 민주정과 함께 이념과 제도에서 세계 정치사에 큰 영향을 끼쳤다. 로마 공화정치는 어떻게 형성되었고, 그 특징은 무엇인가?

로마의 정치는 기원전 753년에 건국자 로물루스에 의한 왕정으로 시작되었다. 7명의 왕들이 연이어 다스렸던 로마의 왕정은 후대로 오면서 로마가 이탈리아 반도 북부에 있던 에트루리아의 지배를 받으면서 일인독재 체제라는 부정적인 상이 강화되었다. 특히 마지막 왕 타르퀴니우스는 '오만한 타르퀴니우스(Tarquinius Superbus)'라는 별명이 붙을 정도로 로마 귀족들의 반감을 샀고, 그 아들 섹스투스가 로마 귀족 부인 루크레티아를 겁탈하는 사건은 급기야 왕정타도운동의 도화선이 되었다. 리비우스의 『로마사』(1, 58-60)에 따르면 기원전 509년 로마인들은 에트루리아계 마지막 왕인 타르퀴니우스를 추방하고 공화정을 수립했다.

리비우스는 『로마사』 제2권을 시작하면서 공화정의 탄생과 그 의미를 다음과 같이 전한다. "앞으로는 자유를 얻은 로마인이 평화시와 전시에 어떻게 살았는가를 이야기하게 될 것이다. 로마는 해마다 선거를 통해 뽑히는 자들에 의해 다스려지고, 개인보다는 법이 지배하는 국가가 되었다."

그러나 공화정 초기에 로마인들은 귀족과 평민 사이의 신분 투쟁으로 내분에 휩싸이게 되었다. 로마 사회는 왕정기부터 귀족과 평민 사이의 사회적·정치적·법적 불평등을 당연시한 신분 사회였다. 전승에 따르면 귀족과 평민의 구별은 이미 로물루스 왕 때부터 있었다. 귀족들은 토지보유와 가축소유에서 우월, 사회적으로 귀족은 노예 이 외에 평민들을 피호민(被護民, Cliens)으로 거느리면서 평민들의 보호자(Patronus)로서 영향력을 행사했다.

왕정기에 전쟁에서 기병의 역할이 절대적이지는 않았지만 귀족 출신자들만이 기병이 될 수 있었다. 귀족들은 신분을 세습화하면서 정치·경제·사회적 특권을 보유했고, 왕정의 몰락과 함께 오히려 특권을 강화할 수 있었다. 그래서 공화정 초기에 귀족(patricii)과 평민(plebs)의 신분 차별은 엄격하여 혼인도 할 수 없었다. 평민은 소수의 귀족 신분 이외의 모든 자유인 사회계층 ─ 부유한 지주, 중소자영농들, 빈농, 수공인들, 상인들 ─ 을 포함했다. 귀족들이 정무관직과 원로원 의원직을 독점한 반면에 평민들은 민회 출석을 제외하고는 정치에서 소외되었고, 재판에서는 불리한 판결을 받았다. 공화정 초기에는 법률이 성문화되지 않았고, 콘술 이 외에는 아무도 법률 해석의 권리가 없었으며, 평민들은 자신들의 법적 권리가 무엇인지도 몰랐기 때문이다. 채무 관련 소송에서는 채권자 귀족들이 채무자 평민들을 노예로 매각해도 좋다는 승소판결을 받곤 했다.

그러나 경제 활동으로 일부 평민 유력자 층이 형성되었다. 그들은 중무장 장비를 스스로 준비할 경제적 여유도 있었다. 기원전 6세기 후반부터 기원전 5세기 전반기에는 귀족 기사들의 전투보다 중무장 보병들이 중심이 된 전술이 자리잡게 되었다. 이러한 변화로 인해 그리스에서와 마찬가지로 로마에서도 평민층의 정치적 발언권이 강화되었고, 이들은 정치권력의 참여를 갈망하게 되었다.

가난한 다수의 평민들은 왕정의 폐지로 인한 경제 활동의 위축, 자연 재해가 가져다준 곡물 생산의 감축, 계속되는 전쟁 동원으로 인해 정상적인 경작 활동을 할 수 없었다. 또한 가혹한 부채법 하에서 많은 평민들이 부채에 시달리거나 부채를 갚지 못해 토지가 압류되고 채무 노예(Nexus)로 매각당하기까지 했다. 따라서 평민 유력자의 정치 참여 요구와 하층 농민들의 부채 탕감이나 공유지 분할 및 분배 요구 등 정치적·경제적·법적 지위 개선을 요구하는 평민들의 신분 투쟁이 시작된 것이다.

귀족들은 대화와 타협을 통해 평민 계층의 요구를 적절히 수용하면서 공화정 체제의 안정을 도모했다. 신분 투쟁의 결과 평민의 보호자이며 대표자인 호민관직이 창설(기원전 494년)되었고 평민들의 모임인 평민회(기원전 471년)가 출범했다. 로마 최초의 성문법인 12표법(기원전 451~449년)이 제정되어 귀족들의 자의적 지배를 종식시켰으며 카눌레이우스 법(lex Canuleia, 기원전 445년)은 귀족과 평민 간의 통혼권을 인정했다.

그러나 신분 투쟁의 가장 큰 성과는 콘술 2인 중 1인은 평민으로 선출한다는 리키니우스-섹스티우스 법(Leges Liciniae-Sextiae, 기원전 376~367년)이다. 이후 다른 고위정무관직도 평민들에게 개방되었다. 신분 투쟁의 마지막 성과는 평민회의 입법기관화이다. 평민회의 결의(plebiscita)가 원로원이나 켄투리아 회의 승인을 거치지 않고 법(lex)으로 인정된다는 내용의 호르텐시우스 법(lex Hortensia, 기원전 287년)이 제정됨에 따라 평민회는 입법권을 행사하게 되었고, 이후 절차가 까다로운 켄투리아 회보다 평민회가 주요 입법 활동을 하게 된다.[12]

신분 투쟁의 종결로 귀족과 평민 간의 차별은 사라졌고, 형식적으로는 인민 주권이 확립되었다. 기원전 218년(한니발전쟁 시작)에는 켄투리아 회에서 제정되던 중요한 로마의 국법을 원로원이 호민관에게 요구하여 평민회에서 통과시키도록 합의함으로써 그 이후 평민회의 위상은 좀더 높아질 수 있었다. 그러나 로마가 이를 발판으로 좀더 민주적인 사회로 나간 것은 아니었다. 로마에서 멀리 떨어진 농촌 트리부스에 사는 시민들은 로마에서의 민회 참석이 사실상 어려웠다. 따라서 평민회는 귀족과 부유한 평민들, 그리고 그들이 동원한 피호민들에 의해 주도되었다.

호민관들도 원로원의 후원 하에 정치 활동을 시작하려는 지배층 청년들의 정계로의 첫 활동 무대가 되었다. 따라서 호민관들조차 원로원 중심의 공화정 체제에 더 다가갈 수 있었다. 호민관은 평민회에 안건을 제출하기 전에 원로원의 자문을 구하는 것이 관례가 되었다. 사실 혈통 귀족들은 신분 투쟁 과정에서 유력한 평민층 일부를 체제에 편입시켜 권력을 공유하게 했는데, 이는 아테네의 귀족들이 데모스에게 완전히 권력을 내준 것과는 대조적인 모습이었다. 로마 공화정은 혈통적인 귀족정치로부터 새로운 통치 계급인 노빌레스(nobiles)의 과두 체제(oligarchy)로 발전해갈 수 있었다.

공화정 또는 국가(Republic)를 뜻하는 라틴어 레스 푸블리카(Res Publica)는 '공공의 재산(Public Thing)'이라는 뜻이다. 이제 공화정 국가는 귀족과 평민들을 포함하는 시민들의 충성을 확보하고 시민들을 공동체적인 일체감으로 결속시킬 수 있었으며, 이에 바탕을 둔 강건한 시민군은 로마 팽창의 원동력이 되었다. 이탈리아 반도가 로마에 의해 통일되고 제1·2차 포에니 전쟁, 제1·2차 마케도니아 전쟁을 거쳐 로마는 기원전 2세기에 지중해의 패권 국가로 성장하기 시작했다.

폴리비오스는 제3차 마케도니아 전쟁(기원전 171~167년)에서 그리스의 독립을 지키려던 아카이아 동맹의 기병대 사령관을 역임했으나 전쟁에 패하고 로마군의 포로 신세가 되어 기원전 167년에 포로로 끌려온 그리스인 역사가였다. 그러나 로마의 귀족들은 그리스 문화를 존중했기 때문에 그리스인 포로들은 로마의 유력자들에게 개인적으로 맡겨졌고, 폴리비오스는 평소부터 알고 지내던 로마 귀족 스키피오 아이밀리아누스에게 넘겨졌다.

스키피오는 자마 전투에서 한니발을 격파하여 제2차 포에니 전쟁(기원전 218~201년)을 승리로 이끈 스키피오 아프리카누스의 조카이자 양손이었다. 스키피오는 특히 그리스 문화 애호가로 자신의 집에서 그리스 문화 동호인들을 만나면서 이른바 '스키피오 서클'이 만들어졌는데, 폴리비오스도 스키피오 서클의 일원이 되었다.

폴리비오스는 17년 동안 스키피오와 함께 지내면서 조국의 쇠망과 로마의 부상을 비교하면서 신흥국가 로마에 대해 관심을 갖게 되었다. 그는 스키피오와 함께 한니발 전쟁의 격전지였던 남부 이탈리아, 한니발의 본거지였던 히스파니아(에스파냐) 등을 시찰하고, 아프리카까지 행군했다가 로마로 돌아올 때는 한니발이 그러했듯이 히스파니아의 피레네 산맥을 넘고 남부 프랑스를 거쳐 알프스를 넘고 이탈리아로 오는 대장정을 하기도 했다.

기원전 150년에 그리스 인질들의 귀국이 허용되자 폴리비오스도 그리스로 돌아갔지만, 그 뒤에도 자주 자유인의 몸으로 로마를 방문했다. 기원전 149년에는 제3차 포에니 전쟁을 총 지휘하는 스키피오 장군을 따라 종군했고, 꼬박 7일 동안 불탔다는 카르타고의 종말을 직접 목격하기도 했다.

폴리비오스는 패망한 자신의 조국 그리스와 카르타고, 그리고 승승장구하는 로마를 비교하면서 20년 동안 40권으로 된 『역사 *Historiae*』를 저술했다. 그때까지의 역사 기록이 주로 그리스를 중심으로 동부 지중해 세계를 다룬 반면에 폴리비오스는 서부 지중해의 패자로 부상해온 로마에 주목했다. 폴리비오스는 그리스의 쇠퇴를 보면서 왜 그리스는 스스로 무너져가고 왜 로마는 융성해가는가, 최단시간 내에 로마인이 이룩한 이 위업이 어떻게 가능했으며, 또한 어떤 정치 체제 하에서 가능했는가를 밝히려는 것이 『역사』(6,2,3)의 저술 동기였다. 그 기간이란 구체적으로는 한니발 전쟁 직전인 기원전 220년의 퀴드나 전투에서부터 페르세우스가 로마의 포로로 잡힘으로써 제3차 마케도니아 전쟁이 끝나는 기원전 167년까지의 기간이었다. 그는 『역사』 제6권에서 로마가 승리할 수 있었던 것은 정치 체제의 우월성 때문이라고 결론을 내렸다. 국가가 어떤 정체를 선택하느냐가 모든 국가사의 성패의 원인인데 로마의 경우는 공화정체가 바로 로마 승리의 원인이라는 것이다.

그의 주장에 따르면[13] 콘술들의 권한을 보면 로마의 정부 형태는 왕정이다. 콘술들은 통수권자로서 전쟁 준비와 야전에서의 작전 수행에서 절대적인 권한을 가졌다. 그들은 군지휘관을 임명하고 징병 명부를 작성하고 시민을 징병했다. 또한 동맹국들에 대해서도 전쟁과 관련된 병력이나 병선을 확정해서 통보했으며 전쟁에서 임페리움을 통해 전쟁을 수행했다. 콘술은 명령에 복종하지 않는 모든 자들에게는 처벌권을 행사했고, 전쟁에 필요한 경비를 얼마든지 쓸 수 있는 재정권을 가지고 있었다.

내부적으로 콘술은 국정의 최고 책임자로 국가를 대표했다. 외국 사절을 원로원에 소개하고 긴급한 사안을 원로원 토의에 회부했으며, 원로원의 결의를 시행하는 책임이 있었다. 민회를 소집해서 정책안이나 법률안을 제안했으며 민회의 결정 사항이나 재판 결과를 집행했다.

그러나 원로원을 주목하면 로마의 정치는 귀족정치처럼 보인다. 원로원은 국고를 관장하고 모든 수입과 지출을 통제했다. 재정 담당관인 콰이스토르는 콘술들의 지휘를 받았지만 원로원의 결의 없이는 어떠한 특정 항목에 대해서도 지출할 권한이 없었다. 원로원은 공공건물의 신축이나 보수를 위해서 5년마다 켄소르들이 제출하는 공공지출 항목을 최종심의 후 재가했다.

또한 원로원은 이탈리아 안에서 벌어진 반역·음모·독살·암살과 같이 공공질서를 해치는 중범죄에 대한 심리를 통해 사법권을 행사했다. 외교적인 권한도 중요했다. 이탈리아 내의 어떤 사인이나 공동체가 분쟁에 대한 조정이나 탄원서를 제출한다면 이 문제를 처리했고, 외국 문제를 해결하기 위해 로마인 사절을 파견하거나 외국의 사절을 영접하고 적절한 조치를 취하는 것도 원로원이었다.

그러나 민회를 보면 로마의 정체는 민주정체로 보인다. 민회는 공동체 내의 질서와 안정을 위해서 필요한 상벌권을 행사했고, 특히 벌금형에 해당하는 많은 소송사건들을 처리했다. 또한 자격을 갖춘 자들에게 선거를 통해서 공직을 부여하는 것도 민회였다. 또한 민회는 제안된 법률을 통과시키거나 거부할 권한이 있었고, 국가 중대사─전쟁, 평화, 조약 체결─등에 대한 최종 결정권을 가지고 있었다.

결국 폴리비오스에 따르면 로마의 정체는 혼합 정체(mikte)이다. 일찍이 아리스토텔레스는 『정치학』에서 이상적인 정치체제로 1인의 왕정(monarchia), 소수의 귀족정(aristocratia), 다수의 민주정(democratia)이 있다고 주장했는데, 로마인들은 이 세 가지 단순 정체를 모두 포함한 혼합 정체를 만들어냈다는 것이다.

폴리스 문화의 종착점 : 아테네 제국과 로마 제국

아테네 민주정치와 로마 공화민주정치는 세계 정치사에 빛나는 위대한 업적임에 틀림없고 오늘날 전 세계가 추구하는 정치 이념이 되었다는 점에서 인류 공유의 자산이 된 것이 사실이다. 그러나 시민의 정치 참여를 전제로 발전한 아테네 민주정치는 델로스 동맹을 통해서 아테네 제국으로, 로마 공화정은 지중해 세계의 정복을 통해서 로마 제국으로 귀결되었다. 아테네 제국은 스파르타와의 싸움인 펠로폰네소스 전쟁의 패배로 해체되고 무너진 반면 '로마의 평화(Pax Romana)'를 기치로 내건 로마 제국은 2세기 이상 지중해 세계에 '로마의 평화'를 실현하고, 공식적으로는 2세기 이상 유지되다가 게르만족의 이동으로 몰락했다. 그렇다면 이 로마 제국의 성공의 비결 – 이러한 질문이 가능하다면 – 은 어디에 있는가?

델로스 동맹과 아테네 제국

클레이스테네스의 개혁으로 민주정치의 시대를 연 아테네는 오리엔트 세계의 패권을 장악하고 서방으로 세력을 확장하던 페르시아와 3차례에 걸친 전쟁을 치른다. 이른바 페르시아 전쟁이다. 페르시아 전쟁은 아테네의 역사, 아니 전 그리스의 역사상 한 획을 긋는 대사건이었다. 전쟁 과정에서 그리고 전쟁의 승리로 아테네는 그리스의 지도 국가로 급부상할 수 있었기 때문이다.

전쟁의 원인에 대해서는 페르시아 제국의 팽창욕도 지적되지만 직접적인 원인은 기원전 499년에 소아시아 서해안에 있던 그리스 식민시들, 그 중에서도 밀레토스가 중심이 되어 페르시아의 지배권에 대해 일으킨 반란이었다. 밀레토스의 참주 아리스타고라스는 페르시아의 전제에 대항하기 위해서 그리스인의 자유를 기치로 내걸고 이오니아인들을 결집시켰던 것이다. 그러나 이란 고원에서 일어나 메소포타미아를 정복하고 시리아, 팔레스타인, 이집트까지 차지한 대제국 페르시아에 대해 몇몇 그리스 식민시들은 맞수가 되지 못했다. 결국 식민시들은 그리스 본토에 원군을 청했는데, 당시 군사강국이었던 스파르타는 여러 가지 이유를 들어 원군을 보내지 않은 반면에 아테네인들은 그리스인의 자유의 수호라는 명분으로 원군을 청한 아리스타고라스의 민회 연설에 넘어가 군선 20척을 지원하기로 결정했다. 그리스인 식민시들의 반란은 실패로 돌아갔고, 남은 것은 그리스 본토, 특히 아테네에 대한 페르시아의 적의와 공격이었던 것이다.

전쟁은 3차에 걸쳐 진행되었다. 제1차 페르시아 전쟁은 기원전 490년에 페르시아인들이 아티카 반도 북동쪽 마라톤 만에 상륙해서 아테네를 향해 진군을 계획하면서 시작되었다. 페르시아 전쟁사의 첫 페이지를 장식하면서 또한 아테네를 일약 스타덤에 올려놓은 마라톤 전투가 펼쳐진 것이다. 이때 페르시아 군의 안내자로 나선 것은 놀랍게도 아테네에서 축출된 참주 히피아스라고 하니 권력에 눈이 먼 참주에게는 조국도 없었던 것 같다. 아테네는 그리스 국가들에 원병을 청했는데 대부분 국가들은 출병을 꺼렸고, 가장 강력한 군대를 자랑하던 스파르타가 돕기로 했으나 종교적인 이유—스파르타의 카르네이오스 달 7일에서 15일까지는 아폴론에게 제사하는 카르네이아제 기간이었다. 이 기간에 스파르타는 군대를 움직이지 않았다.—로 출병이 늦어져 사실상 전투에 도움이 되지 않았다. 아테네는 결국 보호국 플라타이아의 지원 하에 혼자 힘으로 페르시아 군을 막아야 했다. 아테네 시민들은 밀티아데스가 이끄는 중장보병대가 밀집대 전술로 돌진해 페르시아를 물리쳤다. 헤로도토스의 『역사』 6권에 따르면 다소 과장된 수치일 수 있지만 당시 전쟁에서 전사자가 페르시아가 6,400명, 아테네가 192명이었다. 아테네가 대승을 거두고 위기를 넘긴 것이다.

마라톤 전투 이후 아테네에서는 아르콘직이 추첨제로 바뀌고 민주정치가 강화되었다. 또한 테미스토클레스의 제의로 3단노선 200척을 건조하여 페르시아의 재침에 대비했다. 기원전 480년 마침내 육로와 해로로 페르시아 원정군이 다시 그리스를 공격했다. 중부 그리스의 폴리스들이 함락되고 도시 아테네를 포함한 아티카 반도가 살라미스 섬을 제외하고 페르시아 군에게 떨어졌다.

그러나 아테네 해군은 살라미스 해전에서 페르시아 해군력을 대파하고 전세를 역전시켰다. 페르시아 군대는 소아시아로 물러났다. 기원전 479년에 아테네를 위시한 10만여 명의 그리스 연합군은 플라타이아에서 페르시아 군을 물리침으로써 그리스 본토를 페르시아 지배에서 해방시켰다. 결국 페르시아의 침입으로 시작된 세 차례의 전쟁은 모두 아테네가 이끄는 그리스 연합군의 승리로 끝났다.

페르시아 전쟁의 승리는 오리엔트 문명의 젖을 먹고 자란 그리스인들이 어머니격인 페르시아 제국의 침입을 막아냈다는 점에서 문명사적 의의가 컸다. 헤로도토스의 말대로 그것은 동방의 전제주의에 대한 그리스의 시민적 자유의 승리였다. 그 전쟁이 그리스인들의 승리로 끝나기까지 그리스인들을 지도한 것은 스파르타와 아테네였다. 그 중에서도 테미스토클레스의 제안에 따라 해군력을 육성했던 아테네는 살라미스 해전을 통해서 페르시아를 막아내는 데 기여했고 그리스 폴리스들 사이에서 아테네의 입지가 크게 강화되었다. 아테네는 강력한 국가 건설을 요구하는 분위기가 팽배했다. 테미스토클레스의 주창에 따라 기원전 479년 스파르타의 반대에도 불구하고 아테네인들은 도시에 성벽을 쌓았다.

반면에 스파르타는 페르시아를 축출하는 과정에서 그리스인 총사령관으로 활약한 스파르타인 파우사니아스가 페르시아의 지배에서 벗어난 그리스인들에게 참주처럼 행동함으로써 파우사니아스에 대한 증오심이 스파르타에 대한 증오심으로 확대되었다. 스파르타는 파우사니아스를 소환하고 스파르타 군대를 페르시아 전쟁에서 철수했다. 당시 아테네와는 사이가 원만해서 그 뒤의 그리스 세계에 대한 주도권을 스파르

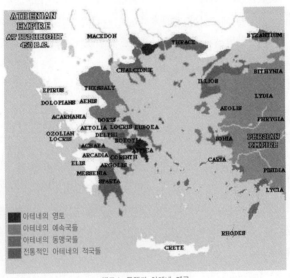

델로스 동맹과 아테네 제국.

타가 스스로 아테네에 양보한 셈이 되었다.

기원전 479년에 플라타이아 전투의 패배로 그리스에 남아 있던 페르시아 군대는 물러났지만 에게 해 북부와 소아시아 서해안, 그리고 에게 해 섬들에 있던 그리스인 폴리스들 중 일부는 여전히 페르시아의 점령 하에 있는 경우도 있었고 페르시아와 가까이 있었기 때문에 페르시아에 대한 두려움을 가질 수밖에 없었다. 이러한 국제 정세가 막강한 해군력을 가진 아테네에게 유리하게 작용했다. 아테네는 에게 해의 평화 수호자라는 명분 아래 페르시아 전쟁 이후에도 계속해서 국제 질서를 주도해갈 수 있었기 때문이다. 이러한 영향력을 합법적으로 관철시킬 수 있었던 기구가 기원전 478년에 결성된 델로스 동맹(Delean League)이었다.[14]

투기디데스(Thucydides)의 『펠로폰네소스 전쟁사』(1, 96)에 따르면 델로스 동맹은 '페르시아 왕의 영지를 토벌하고 그들이 입힌 피해를 보복하려는' 명분을 내걸고 등장했다. 동맹국들은 여전히 남아 있는 페르시아 세력을 축출하기 위하여 그리스인들의 단합된 힘을 보여주고 싶어했다. 초기에 동맹에 가담했던 회원국들은 동맹 규약에 따라 군선 제공, 수병 파견, 동맹 기금 납부 중 어느 것이든지 자유롭게 선택할 수 있었다. 아테네, 키오스, 레스보스, 사모스를 제외한 거의 모든 폴리스는 동맹 기금의 납부를 선택했고, 대규모 해군력을 가진 아테네는 거의 모든 선박과 수병을 제공했다. 이로써 200척의 군선을 거느린 델로스 동맹군이 결성되었다. 자금을 관리하는 금고는 동맹 본부가 있는 델로스 섬의 아폴론 신전에 두었다. 동맹국의 대표자들은 동맹회의에서 공동의 문제를 의논하고 모든 나라가 평등한 투표권을 행사해서 중요한 문제에 대해 결정을 내렸다. 당시에는 그리스인 폴리스들은 페르시아의 재침을 의심하지 않았다. 따라서 추가로 동맹에 들어오는 폴리스들이 늘어갔다. 델로스 동맹은 에게 해를 중심으로 범그리스주의(Panhellenism)가 실현된 최초의 예라 할 수 있었다.

그러나 델로스 동맹은 창설 단계부터 아테네의 국가 이익이 작용할 수밖에 없는 구조를 가지고 있었다. 아테네인들이 장군으로서 또는 수병으로서 동맹군의 군사력을 사실상 장악하고 있었기 때문이다. 게다가 헬레노타미아이(Hellenotamiae)라 부르는 10인의 아테네인들로 구성된 '신전자금 관리인들'이 동맹 본부에서 활동하면서 동맹국들이 제공해야 할 군선 수나 동맹 기금 액수를 산정해서 통보했다.[15] 처음 그 일을 담당한 것은 아리스테이데스(Aristeides)였다. 메이어(H.D. Meyer)의 말대로 "델로스 동맹은 창설 처음부터 아테네의 강제기구(Zwangsinstrument)"였다.

동맹 결성 후 10년쯤 지나자 동맹의 공식적 목적이 달성됐다. 왜냐면 기원전 468년 소아시아 남부의 에우리메돈(Eurymedon) 전투에서 페르시아의 3단노선 200척이 파괴되고, 아테네의 해군을 주축으로 한 델로스 동맹군 때문에 페르시아는 에게 해에서 물러나고 헬레스폰토스와 마르모라 해는 아테네의 수로가 되었기 때문이다. 따라서 동맹은 '에게 해의 평화'라는 1차적 목적을 달성한 셈이었다. 그러자 폴리스들에 고유한 분립주의가 대두되고 동맹국들은 동맹에서 아테네의 우월에 반감을 노골적으로 표시하면서 동맹의 해체를 주장하기에 이른다. 이 일에 가장 먼저 나선 것은 기원전 465년에 동맹의 탈퇴를 선언한 타소스(Tasos)였다. 그러나 아테네는 함대를 파견하여 3년 만에 타소스 항복을 받아냈다. 성벽을 헐고 배상금 지불, 함선을 제공하고 공납금을 납부하게 하여 동맹에 강제로 남게 했다. 이 사건은 아테네가 동맹을 제국주의적 지배기구로 활용한 최초의 사례가 되었다.

기원전 454년에 아테네는 동맹본부를 아테네로 이전함으로써 제국주의 정책을 노골적으로 추진했고, 기원전 447년부터 432년까지 동맹기금을 전용하여 아크로폴리스 언덕에 파르테논 신전과 아테나 여신상을 건립하는 등 아테네 제국의 면모를 유감없이 발휘했다.

아테네는 페르시아의 재침 위협을 명분으로 내걸었지만, 동맹국들에 대한 제국주의적 지배를 노골화한 배경에는 아테네의 내적인 정치·경제 상황이 있었다. 기원전 5세기 중엽의 아테네는 민주정치의 발전, 상공업의 발달 그리고 에게 해를 무대로 한 해상 무역의 활성화로 번영을 구가하고 있었는데, 그 이면에는 델로스 동맹이 제공하는 국제 질서가 있었다. 따라서 동맹의 해체는 아테네 시민들에게는 동맹이 제공하던 많은 기득권 포기를 의미했다.

투기디데스는 『펠로폰네소스 전쟁사』(1, 99, 3)에서 동맹의 제국주의화가 가능했던 요인으로 "동맹국들이 출정을 꺼려 군선을 파견하는 대신 자금을 납부하길 원했으므로 아테네가 해군력을 증강시킬 수 있었던 데 반하여 동맹국들은 군사적으로 무력해져 아테네의 지배를 물리칠 수 없게 되었다."고 말한다.

아테네는 이미 페르시아 전쟁 중에 3단노선을 200척이나 건조하여 그리스 최대의 해군국이 되었고, 그 함대로 살라미스 해전에서 승리했다. 펠로폰네소스 전쟁 직전까지는 아테네는 300척의 3단노선을 보유했다. 군선 1척의 3단노선에 170명 정도의 수병이 필요했으며 전체 승선 인원은 200명 정도였다. 결국 200척의 함대 규모를 유지하기 위해서는 34,000여 명의 수병이 필요했는데, 대개 아테네의 최하층 시민인 20,000명 정도의 테데스들(thetes)이 수병으로 복무하고 나머지는 동맹국 병사들로 충원되었다. 그들은 일당을 받고 전시에는 푸짐한 전리품을 받으며 복무했다. 따라서 이들에게는 해군이 계속 유지되어야 하고 그러기 위해서는 델로스 동맹이 계속 존속되어야 하였다. 폴리스 방위에서는 주된 역할을 하지 못하던 최하층 시민들은 함선 갑판에 배치되는 소수의 중무장 보병보다 훨씬 중요한 역할을 하게 된 셈이다. 그 결과 하층민의 정치적 영향력이 크게 증가했다.

민주정을 확립한 아테네에서는 민회에서 중요한 국가 정책이 결정되었다. 결국 아테네의 제국주의 정책에는 민중인 테데스 층의 이해관계가 반영된 셈이었다. 그래서 제국주의 이론가 슘페터(Schumpeter)는 아테네의 제국주의를 민중제국주의(people's imperialism)라 불렀다. 제국주의 정책의 의사와 그 추진력이 아테네 민중, 즉 데모스에서 나왔기 때문이다. 이들은 내부적으로는 급진적인 민주정을, 대외적으로는 제국주의적 성향을 동시에 지니게 된 것이다.

그러나 아테네 민주정치에 토대를 두었던 아테네 제국주의는 펠로폰네소스 전쟁으로 그 기반이 흔들려 결국 아테네의 몰락으로 귀결되었으며 아테네 민주정의 이념만 살아남아 인류 문화의 보고에 들어가게 되었다.

로마 제국과 '로마의 평화(Pax Romana)'

로마는 라티움 지방의 한 도시국가로 시작되었지만, 이탈리아 반도, 시칠리아, 동서 지중해로 팽창을 거듭해 대제국 로마를 건설했고, 지중해를 '우리의 바다(Mare Nostrum)'라 부를 수 있게 되었다. "로마는 하루아침에 이루어진 것은 아니었다." 그것은 수백 년 동안 진행된 역사적 발전의 결과였다. 그러나 로마인들이 처음부터 일관되게 팽창주의 정책을 목표로 내걸고 끊임없이 제국적 팽창을 추구했다고 보기 어렵다. 그렇다고 해서 로마 제국의 형성을 운명의 산물로 보기는 더더욱 어려울 것이다. 특히 로마의 팽창은 단순히 군사적 정복의 결과만은 아니었다. 그 과정에는 '동맹과 편입'이라는 '로마적'인 통치 방식이 있었다.

로마가 대외 관계에 눈뜨기 시작한 것은 로마가 에트루리아의 지배를 벗어나 내부적으로는 콘술을 중심으로 하는 공화정치를 시작한 기원전 6세기 말이었다. 당시 이탈리아 북부에는 에트루리아 왕국이, 이탈리아 남부에는 그리스 식민시들이, 이탈리아 중부는 로마와 같은 소국가들이 저마다 세력을 다투고 있었다. 앞에서 보았듯이 로마 공화정치는 귀족과 평민 간의 신분

기원전 6세기 이탈리아 반도.

갈등을 최대한 조정하면서 대타협을 이룩했다. 그러나 그것만 가지고 로마 팽창과 성공을 설명할 수는 없을 것이다. 로마 팽창의 원동력은 내부적 통합 못지않게 이웃 도시들과 동맹을 체결하고 그것을 잘 유지한 결과이기 때문이다. 제일 먼저 중요했던 것은 로마가 속한 라티움 지방 도시들과의 동맹이었다. 원래 라틴 동맹은 왕정 시기에 로마의 주도로 알바누스 산에서 유피테르 신에게 공동 제사를 드릴 목적으로 창설했던 동맹이었다. 그러다가 로마에서 에트루리아계 왕 타르퀴니우스가 쫓겨나자 라틴 동맹국들은 그것을 로마의 속박을 벗어날 기회로 삼았다. 그러나 공화정이 시작되고 얼마 지나지 않은

기원전 493년에 로마는 라티움 지방의 도시들과 상호 호혜 평등한 조건으로 카시아누스 조약을 맺어 라틴 동맹을 재건했다. 라틴 동맹은 공식적으로는 동등자 사이의 조약, 즉 평등조약(foedus aequum)이었지만 사실상 델로스 동맹과 마찬가지로 로마를 맹주로 한 동맹이었다. 라틴 동맹을 발판으로 해서 로마는 북쪽의 에트루리아인, 북동쪽의 사비니인, 아페니노 산간 지대에 사는 아이퀴이인과 볼스퀴인들을 하나씩 정복하고 세력을 넓혀갈 수 있었기 때문이다.

그러나 기원전 390년경 중부 이탈리아로 팽창하던 로마인들은 북쪽에서 밀어닥친 갈리아인들의 침입으로 시련을 겪었다. 갈리아인들은 로마 시를 정복하고 약탈했으며 로마 수비대는 카피톨리움 언덕에서 7개월 동안이나 포위되어 있었다. 그들은 베네티인들이 자신들의 영토를 침입했다는 소식을 듣고, 막대한 금을 배상금으로 받고 북부 이탈리아로 돌아갔다.

그러나 정작 더 큰 위기는 거의 1세기 이상 잘 유지되던 라틴 동맹이 로마의 이익만을 관철하는 수단으로 전락한 데 대해 동맹국들이 반발하고 나선 것이었다. 로마는 3년간의 계속된 동맹국들의 전쟁에서 힘겹게 승리할 수 있었다.

이와 같은 대외적인 위기를 수습한 로마는 이때부터 '분리하여 통치하라'는 원칙에 따라 라틴 도시들을 다루었다. 동맹은 완전히 해체되었으며, 동맹국들의 운명은 로마와의 관계에 따라 재편되었다. 어떤 도시들에게는 완전한 로마 시민권이 주어졌고, 어떤 도시들에게는 투표권이 없는 시민권이 주어졌다. 로마에게 끝까지 저항한 도시들의 요새는 파괴되었고, 정치 지도자들은 추방되었다. 그러나 대부분의 도시들은 자치를 허용받았다. 이제 라틴 도시들은 로마의 전쟁에 복무할 의무가 있었지만, 또한 로마의 정복 전쟁에서 전승의 열매를 배당받을 권리도 보유했다. 이런 식으로 라틴 연합이 탄생하고 라틴 도시들은 사실상 로마 국가의 일원이 된 셈이었다. 결국 로마는 대내외적 위기를 맞았으나 가까스로 위기를 수습하고 기원전 4세기 말에 중부 이탈리아를 완전히 장악할 수 있었다.

그러나 이탈리아 남부로의 팽창은 더 큰 어려움이 기다리고 있었다. 우선 중남부 이탈리아의 삼니움인들과의 힘겨운 싸움이 기다리고 있었기 때문이다. 사실 기원전 350년경 삼니움인들의 국가는 로마보다 영토가 세 배나 컸고 인구도 두 배나 많았다. 이러한 상황에서 평지에서의 전투에 익숙한 로마인들에게 주로 산악 지역을 중심으로 펼쳐지는 삼니움인과의 네 차례에 걸친 전쟁은 힘겨운 싸움이었다.

그러나 로마인들의 정치·외교적 능력은 삼니움인과의 전쟁에서도 빛을 발했다. 로마인들은 삼니움인들의 패권에 반대하던 그리스 식민시들과 이탈리아 도시들과 개별적으로 동맹을 맺고 그들을 적절하게 활용했기 때문이다. 로마는 군대와 외교 문제를 제외한 모든 내정에 대해서는 자치를 허용했다. 전시에는 로마가 자체 비용으로 동맹국 군대들에게 식량과 생활비를 제공하고 전리품도 나누어 주었으며, 로마인과의 통혼권과 라틴인의 권리도 부여했다. 기원전 290년 삼니움인들이 항복하고 로마 동맹국의 지위를 받아들이면서 기원전 4세기 말부터 3세기 초까지 진행된 삼니움인들과의 네 차례에 걸친 전쟁은 끝나고 로마는 이탈리아 남부로 세력을 확대할 수 있었다.

이탈리아 남부에서 로마의 패권에 대한 마지막 저항 세력은 그리스 식민시들 중의 하나인 타렌툼과의 싸움이었다. 타렌툼인들은 로마가 남부 이탈리아의 그리스 식민시들로 세력을 확대하자 그리스 본토의 그리스인들의 지원을 받으며 로마에 맞섰다. 스파르타 왕 아르키다모스와 클레오모니스, 에피로스 왕 알렉산드로스, 시라쿠사이의 아가토클레스 등의 그리스인들이 알렉산더 대왕의 명성에 걸맞는 군사적 명예를 꿈꾸며 타렌툼을 지원하기 위해 출병했다. 특히 에피로스 왕 피로스는 제2의 알렉산더 대왕이 되려는 망상에 사로잡힌 인물이었다. 그는 기원전 280년 봄에 25,000명의 용병과 20여 마리의 인도산 전쟁용 코끼리를 앞세우고 이탈리아에 상륙했다. 코끼리를 앞세운 중장보병 밀집대 전술의 효과로 피로스는 두 차례의 전쟁에서 대승하면서 로마 군대에 큰 타격을 입혔지만, 그 자신이 입은 피해도 엄청나서 '피로스의 승리'16)라는 명언을 남긴 채 이탈리아 제국을 세우려는 꿈을 접고 기원전 275년에 그리스로 돌아가버렸다. 피로스는 로마인들이 맞대결해서 물리친 헬레니즘 세계의 최초의 위대한 장군이었다. 결국 로마와의 동맹을 거부하고 마지막까지 저항했던 타렌툼도 기원전 272년에 로마의 패권을 받아들일 수밖에 없게 되었다. 이로써 기원전 3세기 초에 로마는 이탈리아 반도를 통일

할 수 있게 된 것이다.

로마가 이탈리아 도시들과 맺은 조약은 대체로 기원전 338 년에 라틴인과 맺은 조약과 비슷했다. '분리해서 통치한다'는 원칙과 이탈리아 동맹시들의 특권들을 차등 분배한다는 원칙 이 적용되었다. 로마 시민과 동등한 완전 시민권은 사비니인들 에게만 주어졌다. 삼니움인, 에트루리아인 그리고 움브리아인 은 반(半)시민권, 즉 투표권이 없는 시민권(civitas sine suffragio) 이 주어졌다. 그들은 로마 정치에 참여할 수 없었고, 로마 시 에 거주해도 완전한 로마 시민권을 얻을 수 없었다.

남부 이탈리아의 그리스 도시들은 로마의 동맹국들이 되었 다. 이들 이탈리아 동맹국 시민들은 라틴인들보다는 권리가 낮은, 일종의 주변부를 형성했다. 그러나 라틴인들처럼 이탈 리아 동맹국들도 자신들의 독자적인 정부·정무관·법률·종교 를 가질 수 있었다. 이들 이탈리아 동맹국들은 주둔하는 로마 군대에 보급품을 댈 의무는 있었지만, 로마에 공납을 바칠 의 무는 없었다. 앞으로 로마 팽창의 성공 여부는 로마가 이탈리 아 반도의 동맹국들과 좋은 관계를 유지하며 충성을 확보할 수 있느냐 없느냐에 달려 있었다.

로마가 제국으로 가는 길목에서 로마 제국주의의 성공 여부 는 카르타고인들과 세 번에 걸쳐 행해진 대전쟁, 포에니 전쟁 으로 입증되었다. 신화에 따르면 카르타고는 지중해 동부 해안 페니키아인의 도시 티로스의 공주였던 디도가 남편을 죽인 동 생 피그말리온을 피해 도망쳐 북부 아프리카(오늘날 튀니지)에 건설한 도시였다. 여왕 디도는, 트로이가 함락되고 파괴되자 가까스로 그곳을 탈출하여 지중해를 유랑하던 아이네아스와 그 일파를 만나면서 운명적인 사랑에 빠졌다. 자신과 마찬가지로 조국을 잃어버리고 유랑하는 아이네아스에게 디도는 처음에는 연민의 정을 느끼다가 결국 사랑에 빠지게 되었다.

그러나 신화에 나오는 사랑이 대개 그렇듯이 디도에게 또 다른 불행이 기다리고 있었는데, 그것은 이미 이탈리아 땅에 새로운 도시를 건설할 운명이 예정되었던 아이네아스가 디도를 떠나라는 유피테르의 명령을 받고 카르타고를 떠난 것이다. 아이네아스의 배신에 분을 삭이지 못한 디도는 아이네아스와 그의 후손들을 저주하면서 스스로 목숨을 끊었다. 그리고 디도 여왕과 사랑에 빠졌던 아이네아스가 카르타고를 떠난 것은 디도 여왕에 대한 배신이었을 뿐만 아니라 장차 일어날 두 나라, 디도의 후손인 카르타고인들과 아이네아스의 후손인 로마인들을 숙명적인 불구대천의 원수로 만들고 말았다.

그렇다고 해서 로마와 카르타고가 사사 건건 대립한 것은 아니었다. 로마는 기원전 509년에 공화정치가 시작된 이듬해에 최초로 해외 국가와 조약을 맺었는데, 그 상대국은 아이러니하게도 카르타고였기 때문이다. 기원전 348년, 기원전 278년에 갱신된 그 조약의 목적은 서부 지중해에서의 로마의 무역을 규제하고, 이탈리아에 대한 카르타고의 개입을 막으려는 것이었다. 그 조약이 2세기 이상 유효했기에 두 나라는 평화 관계를 유지할 수 있었다.

그러나 기원전 3세기 중엽에 로마가 이탈리아 반도의 '발끝'까지 진출했을 때 시칠리아는 메사나 해협을 사이에 두고 반도에서 불과 4.8킬로미터 거리에 있었다. 시칠리아로부터 140여 킬로미터 떨어진 카르타고와 비교할 때 이탈리아 반도와 시칠리아 간의 거리는 로마인에게는 너무 가까웠다.

신화에서 잘 보이듯 카르타고는 기원전 814년에 지중해 동부 해안에 있는 페니키아인계인 티로스인들이 건설한 식민시였다. 그 도시는 모시(母市)였던 티로스가 아시리아인들에게 정복되자 독자적으로 발전해갈 수 있었다. 카르타고는 지중해를 무대로 활발한 무역 활동을 전개했고, 결국에는 해군력을 바탕으로 동부 지중해에서 서부 지중해까지를 세력권으로 하는 해상 제국을 건설했다. 특히 카르타고인들에게 시칠리아는 상업적으로나 전략적으로 요충지였다. 시칠리아 서남쪽에는 카르타고인들의 식민시가 있었다. 그러나 시칠리아의 동남부 지역에 그리스인 식민시 시라쿠사이가 있었고, 이탈리아 반도에서 가까운 동북쪽에 있는 도시 메사나는 시라쿠사이의 간섭을 벗어나려 했다. 이탈리아 반도의 '발끝'까지 진출한 로마인들에게 메사나의 독립 의지는 시칠리아 문제에 관여할 수 있는 구실이 되었다.

사실 기원전 3세기 초만 해도 카르타고도 로마도 전쟁을 원했던 것은 아니었다. 기원전 279년에 피로스가 그리스 식민시를 돕기 위해 군대를 이끌고 남부 이탈리아에 상륙했을 때에 로마와 카르타고는 상호 방위 협정을 맺기까지 했다. 불과 15

년 후에 두 나라가 생존을 건 투쟁을 하리라고는 아무도 예상치 못했던 것이다.

결국 로마는 시칠리아 쟁탈전인 제1차 포에니 전쟁(기원전 264~241년)과 에스파냐 주둔군 카르타고 명장 한니발의 이탈리아 침입으로 시작된 제2차 포에니 전쟁(기원전 218~202년)에서 승리하고, 제3차 포에니 전쟁이 끝나는 기원전 146년에 카르타고를 완전히 파괴함으로써 서부 지중해의 패권을 차지했다. 또한 기원전 146년에 로마는 동부 지중해 세계에서 마케도니아와 코린토스를 동시에 정복함으로써 명실상부한 지중해 제국을 건설할 수 있었다.

이미 기원전 2세기 말에 아시아로 진출한 로마는 기원전 1세기에 군인 정치가들의 등장과 카이사르, 폼페이우스, 크라수스의 제1차 삼두정치 그리고 옥타비아누스, 안토니우스, 레피두스로 이어진 제2차 삼두정치를 거치면서 중부 유럽까지 영토를 확장했고, 내전의 최후 승자인 옥타비아누스가 이집트를 정복하고 로마 제정을 열면서 로마 제국의 토대를 굳건히 했다. 그 뒤로 약 2세기 동안 로마는 지중해를 '우리의 바다'로 부르는 '로마의 평화' 시대를 맞는다. 이제 북으로는 브리타니아 중북부까지, 유럽 대륙에서는 라인 강과 다뉴브 강을 국경선으로 북해와 흑해를 연결하는 국경선이 그어지고, 동쪽으로는 메소포타미아 근처까지, 남쪽으로는 이집트, 리비아, 그리고 옛 카르타고 지역까지, 서쪽에서는 이베리아 반도가 로마의 지배권 하에 '로마의 평화'를 누릴 수 있었다.

정복한 우리가 정복당했다

로마를 정복한 그리스 문화

지난 세기에 일본의 지배를 경험한 바 있는 우리는 제국의 지배에 강한 거부감을 느낀다. 일제 36년 동안 일본이 우리 문화를 말살하기 위해 얼마나 노력했는지를 잘 알기 때문이다. 해방 이후 반세기가 지나갔지만 우리는 여전히 일제 시대의 잔재를 다 떨쳐버리지 못했다. 그렇다면 500여 년 이상 유지된 로마 제국의 지중해 세계 지배는 어떠한가? "모든 길은 로마로 통한다."는 말처럼 지중해 전체가 로마를 중심으로 '로마화' 되었는가? '우리의 바다' 지중해를 통해서 로마의 지배권이 끝없이 펼쳐질 수 있었는가?

로마 도로나 지중해는 로마의 지배권이 관철되고, 로마 문명이 나가는 통로로 이용된 것은 사실이다. 그러나 그에 못지않게 그것은 외래 문명이 로마로 들어오는 통로이기도 했다. 특히 일찍부터 지중해는 오리엔트와 그리스로부터 이탈리아 반도로 선진 문명이 들어오는 통로였다. 기원전 8세기에 로마 문명이 눈뜨고 있을 때 이미 그리스인들이 아드리아 해를 건너와 남부 이탈리아에 정착했고, 그들과 함께 그리스 문화도 남부 이탈리아에 퍼지게 되었다. 그리스 문화의 본격적인 영향은 좀더 뒤에 더 강력하게 나타났다.

로마가 지중해 세계의 일원으로 자신의 존재를 알리기 전인 기원전 4세기에 이미 지중해 세계, 특히 동부 지중해는 마케도니아 왕 알렉산더에 의해 통합되기 시작했다. 알렉산더는 부왕 필리포스의 업적에 힘입어 대립과 갈등 속에 있던 그리스 반도의 폴리스들을 통합시켰고 동방 원정을 감행해서 폴리스 시대를 마감하고 헬레니즘 시대를 연 것이다. 그의 동방 원정은 그때까지 오리엔트 문명의 '젖'을 먹으며 자란 그리스 세계로 하여금 이제 그리스 문명을 역수출하는 기회를 마련했고, 헬레니즘 문명은 소아시아, 팔레스타인, 이집트 그리고 메소포타미아를 넘어서서 남부 아시아까지 퍼져 나갔다. 이제 그리스어가 동부 지중해의 세계어가 되었으며, 작은 도시국가 체제를 넘어선 하나의 세계, 즉 코스모폴리스(Cosmopolis)가 창출되었다.

헬레니즘 문명은 동쪽으로만 간 것이 아니었다. 기원전 2세기에 로마가 헬레니즘 세계를 정복하기 시작했을 때 그 문명의 유산은 서쪽으로, 로마로 역수출되어 로마인들의 물질세계와 정신세계를 장악하기 시작했다. 로마적 전통과 미덕을 찬양하고 헬레니즘의 확대를 저지하려 했던 노 카토(Cato the Elder, 기원전 234~149년)의 노력도 로마로 밀려들어오는 헬레니즘의 홍수를 막지는 못했다. 이로써 무력으로 그리스 세계를 정복한 로마인은 신화·문학·철학·종교 등 그리스 문명의 포로가 되는 기이한 현상이 발생한다.

그리스인으로부터 로마인에게로 이어진 지중해 세계의 인생관의 바탕에는 인간 중심주의가 있었다. 특히 인간의 이성을 중시한 합리주의적인 인생관은 스토아 철학으로 로마인들에게도 계승되었다. 서기 2세기 '로마의 평화'의 정점에서 황제이면서 스토아 사상가였던 마르쿠스 아우렐리우스는 신과 인간에 대해 다음과 같이 말한다.

신은 존재한다. 또 신은 인간의 일에도 깊은 관심을 갖고 있다. 그리고 그 밖의 것에 대해서도, 만일 악이라는 게 있다면 신은 그것을 피할 수 있는 능력을 사람이 가질 수 있도록 충분한 대비책을 마련해놓았다. …… 인간의 고귀함은 이성에서 나온다. 너는 이미 어린아이가 아니다. 더 이상 이성을 노예의 자리에다 방치해서는 안 된다. ……

이성이 이끄는 대로 사는 삶, 그것이 인생이었다. 또한 인간에게 주어진 유일한 삶은 현재뿐이었다.

현재만이 우리가 소유할 수 있는 유일한 것이다. 그러므로 가장 중요한 것은 현재를 어떻게 살아가는 가이다.

이처럼 로마인들은 그리스인들이 물려준 인간 중심주의, 현실주의적 인생관을 가지고 있었다. 로마인들은 그리스 신화와 신관을 받아들였다. 그리스인들처럼 로마인들도 신들의 존재와 인간 세계에 대한 그들의 관여를 믿었지만, 신들의 본성이나 모습은 인간들의 연장선상에서 이해했다. 로마인들은 죽지 않는다는 것을 빼고는 인간과 다름이 없던 신들을 각종 신화와 신상, 신전 등을 통해 부각시키려 했고, 이로써 지중해 전역은 마치 신들의 세계처럼 보였지만, 실제로 중요한 것은 신들이 아니라 인간들이었다. 그것은 그리스 문명이 로마를 '정복'한 결과였다. 로마가 '아우구스투스의 평화'를 구가하고 있을 때, 호라티우스의 말대로, 정복자인 로마인들은 지중해를 타고 들어오는 그리스 문명의 포로가 된 것이다.

최후의 승자 : 기독교

그러나 고대 지중해 세계의 최후 승자는 아이러니하게도 로마도, 그리스도 아니고 동부 지중해 연안에 있던 로마의 속주에서 태동한 신흥 종교 기독교였다. 사실 기독교는 예수를 따르는 소수의 제자들, 특히 베드로와 바울의 선교를 통해서 지중해 세계에서 세계 종교로 발전했다. 예수는 유대교의 중심이었던 예루살렘을 방문했던 기록이 있으나 대부분의 생활은 주로 이스라엘의 변방인 북쪽 갈릴리 지방에서 활동했다. 신약성서에 따르면 그는 3년여 동안 수많은 군중을 가르쳤으나 그의 관심은 그가 직접 선발해서 가르친 12명의 제자들이었다. 예수는 예루살렘에서 십자가 처형을 당했다.

초기 기독교는 예수의 죽음과 부활, 인간의 구원과 영생의 메시지를 전파한 그의 제자들에 의해 발전했는데, 그 제자들 중에 바울(Paulus, ?~68년)은 기독교를 유대인들의 종교에서 민족과 국경을 초월한 세계 종교로 발전시키는 데 중요한 역할을 했다. 신약성서에 따르면 바울은 한때 기독교인들을 탄압하는 유대인이었으나 극적인 체험을 통해 기독교로 개종하고 가장 열렬한 기독교인이 되었다.

바울은 처음에는 주로 소아시아, 즉 현재의 터키 땅을 중심으로 선교를 했으나 알렉산드리아 트로이(드로아) 지방에서 "마케도니아(마게도냐)로 건너와서 우리를 도우라."는 환상을 보고 마케도니아 선교를 결심했다. 그는 트로이에서 배를 타고 에게 해를 건너 유럽 땅으로 갔는데, 그것은 단순한 항해가 아니라 기독교가 오리엔트의 종교에서 서양의 종교로 넘어가는 첫 발자국이었다.

그는 사모스 트라키아(사모 드라케), 네아폴리스(네압볼리)를 거쳐 필리피(빌립보)에 이르렀고, 그곳에서 루디아라고 부르는 여인의 집에 머물면서 기독교를 전파해서 유럽 최초의 기독교 가정을 탄생시켰다. 그 뒤 바울은 데살로니카(데살로니가)를 거쳐 마침내 그리스 문명의 중심인 아테네(아덴)에 도착하는데, 그는 그곳에서 에피쿠로스(에비구레오)와 스토아(스도이고) 아고라에서 철학자들과 논쟁을 벌였고, 아레오파고스(아레오바고) 언덕에서 기독교를 변호하는 연설을 했다. 바울의 설교는 헬레니즘과 기독교의 극적인 만남을 잘 보여주었다.

> 아테네(아덴) 사람들아! 너희를 보니 범사에 종교성이 많도다. …… 알지 못하던 시대에는 하나님이 허물치 아니하셨거니와 이제는 어디든지 사람을 다 명하사 회개하라 하셨으니 이는 정하신 사람으로 하여금 천하를 공의로 심판할 날을 작정하시고 이에 저를 죽은 자 가운데서 다시 살리신 것으로 모든 사람에게 믿을 만한 증거를 주셨음이니라.(「사도행전」 17:22, 30-31)

이성의 도시였던 아테네에서 바울의 설교는 별로 큰 호응을 얻지 못했다. 바울은 코린토스(고린도)로 장소를 옮겨 선교 여행을 계속했다. 항구 도시이며 경제적 활기가 있었던 코린토스에서 바울은 추종자들을 더 많이 발견했고, 1년 반 이상 머물렀던 것으로 전해지고 있다. 이처럼 바울은 팔레스타인으로부터 소아시아, 마케도니아 그리고 그리스로 이어지는 동부 지중해 세계에 세 차례에 걸쳐 기독교를 전파했는데, 오고가는 장거리 여행의 대부분을 지중해의 뱃길을 이용했다. 그 결과 필리피, 아테네, 코린토스 등 그리스의 주요 도시에는 기독교인들의 모임(교회)이 생기고, 이것이 초기 기독교의 성장의 토대가 되었다.

바울의 선교 여행은 여기서 그치지 않았다. 제3차 선교여행을 마치고 예루살렘에 돌아왔던 바울은 유대인들의 중상모략으로 투옥되었는데, 법적으로는 로마 시민이었던 그는 자신의 억울함을 풀기 위해서 로마 황제에게 상소를 했고, 이것을 로마 선교의 기회로 삼으려 했다. 신약성서 「사도행전」(27-28장)에는 바울과 그의 일행이 험난한 지중해의 파도를 헤치고 마침내 로마로 압송되는 과정이 잘 그려져 있다.

바울은 로마 감옥에서도 기독교를 전하는 기회로 삼았고, 결국은 로마에서 순교한 것으로 알려지고 있다. 이러한 식으로 기독교는 지중해를 통해서 서기 1세기 후반에 그리스·로마 세계로 확대되었으며, 몇 차례의 탄압이 있었지만 마침내 313년 이후 로마 국가의 공인을 받고, 391년에는 로마의 국교가 됨으로써 제국종교로 발전해갈 수 있었다. 지중해 세계의 기독교화는 단기간에 이루어진 것은 아니다. 그러나 서양 고대 문명의 성격을 크게 바꾸어놓은 대사건임에 틀림없다.

그리스와 로마의 인간 중심주의와는 달리 기독교는 신 중심의 사상을 지중해 세계에 전파시켰다. 기독교에 따르면 인간은 스스로 존재하지 않은 신의 작품이다. 신은 인간의 역사에 개입하고 역사는 신의 섭리의 과정이다. 또한 기독교는 선민사상을 전한다. 모든 인간이 아니라 신의 뜻에 따라 선택을 받은 사람들, 그들이 신의 자녀이고, 신의 백성이라는 것이다.

기독교는 인간의 육체나 현세를 인간 삶의 전부로 보지 않았다. 오히려 기독교는 인간의 영혼의 중요성과 인간의 구원, 그리고 그것이 현세의 시간 질서를 넘어서는 영원한 것이라고 말한다. 결국 기독교는 인간이라는 존재가 신의 피조물이고 역사는 신의 뜻이 실현되는 무대이며, 예수의 재림과 함께 끝날 역사의 종말을 전했던 것이다. 이처럼 다신론 종교로부터 유일신 종교로, 인간 중심주의에서 신 중심주의로, 현세주의에서 내세주의로의 대변화는 순교를 무릅쓰고 활동한 바울과 초기 기독교인들의 선교의 결과였는데, 그 과정에서 지중해의 뱃길은 가장 유용한 이동 수단이었던 것이다.

로마 가톨릭과 그리스 정교

그러나 그리스와 로마의 대립은 기독교에서도 나타난다. 그 대립의 씨앗을 심은 것이 313년 기독교를 공인한 콘스탄티누스 황제였다. 사실 313년 밀라노 칙령은 서방의 황제 콘스탄티누스와 여전히 권력 투쟁을 벌이고 있던 동방의 황제 리키니우스의 합의에 의한 것이었다. 콘스탄티누스의 동생 콘스탄티아와 리키니우스의 결혼식으로 우의를 다진 두 사람은 밀라노 합의를 이끌어내었다. 그러나 정치적으로 야심가들이었던 이들 처남 매부 사이의 권력 투쟁은 끝나지 않았고, 결국 324

년에 콘스탄티누스는 리키니우스의 군대를 무찌르고 로마 제국을 통일하고 유일한 황제가 되었다. 이제 '하나의 황제, 하나의 제국, 하나의 신앙'으로 로마는 통합을 이루는 듯했다.

그러나 콘스탄티누스는 이미 3세기경 위기에서 드러났듯이 광대한 로마 제국을 하나의 수도를 중심으로 통치하기에는 너무 크다고 생각했고, 옛 이교 전통에 뿌리박힌 로마를 떠나 동방에 또 하나의 수도를 건설하기로 마음먹었다. 그는 324년 리키니우스 군대를 물리친 뒤에 '새로운 로마' 건설을 시작했는데, 동로마의 수도로 선정한 곳은, 유서는 깊지만 당시에는 쇠퇴한 그리스의 옛 식민시 비잔티온이었다. 이 도시는 이제 콘스탄티노폴리스, 즉 콘스탄티누스의 도시가 되었다.

지중해와 흑해를 사이에 두고 유럽과 아시아가 만나는 교차점에 세워진 콘스탄티노플은 서방과 동방이 만나는 교통의 요지였다. 도시 한복판에는 오리엔트와 소아시아를 발칸 반도와 서유럽을 잇는 도로들이 관통했으며, 제국의 국경선인 도나우 강 하류 지대와 유프라테스 강으로도 쉽게 접근할 수 있는 곳이었다.

콘스탄티노플의 중요성은 391년 테오도시우스 황제가 기독교를 사실상 국교로 선언하면서 더 부각되었다. 당시 기독교 세계는 5대 교구, 즉 로마·콘스탄티노플·예루살렘·안티오키아·알렉산드리아로 나뉘어 있었는데, 서로마의 중심도시에 있는 로마 교회와 동로마의 중심 도시에 있는 콘스탄티노플은 정치적인 문제나 교리적인 문제로 대립하게 되었다.

476년 서로마 제국의 마지막 황제 로물루스 아우구스툴루스가 폐위되면서 서로마는 사실상 게르만인의 수중에 들어갔지만 동로마 제국, 즉 비잔티움 제국은 콘스탄티노플을 수도로 해서 그 뒤로도 천 년 이상 유지되었다. 로마 교회는 새로운 정복자들인 게르만인들을 기독교화해서 라틴 기독교 세계를 만들었다. 이

로마 가톨릭의 총본산 성 베드로 대성당.

러한 정치적 상황의 변화에도 불구하고 로마 교회의 주교는 예수의 수제자인 베드로의 순교지에 세워진 교회로서 모든 교회에 대해서 수위권을 주장하게 되었다. 이러한 로마 교회의 수위권 주장은 로마 제국의 정통성을 계승하고 있다는 자부심을 가진 비잔티움 황제나 동로마 교회의 종교 지도자들의 주장과 대립될 수밖에 없었다. 특히 7세기 중엽 이후 이슬람 세력이 팽창하면서 소아시아와 팔레스타인, 이집트가 이슬람의 세력권으로 떨어지자 로마와 콘스탄티노플의 대립은 심화되었다.

1054년에 로마 교황과 콘스탄티노플의 총대주교는 서로를 파문함으로써 사실상 분열을 공식화했다. 이때 로마를 중심으

로 서유럽 세계를 통괄한 서방 교회는 로마 가톨릭으로, 콘스탄티노플을 중심으로 동유럽으로 교세를 확장한 동방교회는 그리스 정교회로 불리게 되었다.

두 교회의 대립의 원인은 일차적으로는 종교적인 문제에 기인했다. 첫째로 정교회는 로마 교황의 우선적인 지위를 인정하지 않았다. 정교회는 로마 교황이 다른 교구의 대주교들과 마찬가지로 등등한 지위를 갖는다고 보았고 로마 교황의 무오류설[17]을 부인했다. 둘째로 정교회는 성직자와 평신도 간의 역할 구분이 엄격하지 않았으며 성직자들 사이에도 상명하복적인 위계질서가 강요되지 않았다. 그래서 평신도들도 설교를 할 수 있었고, 교회 업무와 선교 사업에도 적극 참여할 수 있었다. 셋째 결혼한 성직자에 대해서도 정교회는 로마 가톨릭에 비해 관대한 편이다.

그러나 두 교회의 분열에는 정치적인 요인도 중요하게 작용했다. 비잔티움 제국 황제는 정교일체 사회의 수장으로서 교회에 대한 통제권을 지니고 있었다. 그는 다른 교회뿐만 아니라 로마 교회에 대해서도 계속 감독과 간섭을 시도했으며, 726년 레오 3세는 성상파괴령을 발표하여 로마 교회뿐만 아니라 동방교회의 반발을 사기도 했다. 이는 결국 로마 교회가 비잔틴 황제의 영향을 벗어나 독립을 추구하는 과정에서 프랑크 왕국과 손을 잡는 계기가 되었다.

결국 로마 가톨릭과 그리스 정교의 대립과 분열은 표면상으로 종교적 차이, 정치적 이해관계에 따른 것이지만 그 뿌리

이스탄불(옛 콘스탄티노플)
의 성 소피아 성당.

를 찾자면, 그리스와 로마 문화의 차이까지 거슬러 올라간다
고 할 수 있다. 결국 기독교에 정복되었지만 그리스와 로마의
영원한 대립은 계속되고 있는 것이다.

주

1) 그리스의 어원이 그라이아인에서 나왔다는 견해는 하나의 가설이다. 다른 가설들에 대해서는 *Der Kleine Pauly Lexikon der Antike*의 'Grai' 항목을 보라.

2) 현대 그리스의 공식적인 국가 명칭은 Helleniki Demokratia(영어로는 The Hellenic Republic), 즉 헬라공화국이다.

3) 그리스인들은 그리스어를 모르는 이민족을 바르바로이(Barbaroi)라 불렀는데, 헬레네스와 바르바로이의 이분법적 개념은 그리스인들의 우월감과 이민족에 대한 비하가 들어 있는 것이 사실이다.

4) 이때부터 1807년 나폴레옹에 의해 신성로마 제국이 해체될 때까지 신성로마 제국 황제는 사실상 독일 국가의 왕이었다.

5) 알파벳(Alphabet)은 그리스어의 첫 모음 알파(Alpha)와 첫 자음인 베타(Beta)의 합성어이다.

6) 페니키아 문자의 기원은 대체로 이집트의 민중문자인 것으로 추정된다.

7) Manolis Andronicos, *The Acropolis*, 1980, p.5.

8) 아테네의 500인 협의회는 임기 1년인 부족당 50명씩 10부족 출신자들로 구성되었다. 이들이 다시 50명씩 프리타네이스로 선발되어 1년의 10분의 1에 해당하는 기간에 근무를 했는데, 이 근무기간을 프리타네이아라고 부른다. 아테네인들이 음력을 사용했기 때문에 대개 1개 프리타네이아는 35일쯤 되었다.

9) 영어의 'psephology'는 선거학이라는 뜻인데, 그 말은 'psephos(조약돌)'에서 왔다.

10) 로물루스 왕 때는 3개의 부족(Tities, Ramnes, Luceres. 부족으로 번역되는 '트리부스'라는 말 자체는 3을 뜻하는 'tris or tres'에서 나왔다)이 있었으나 공화정 말기에 오면 트리부스의 숫자가 35개로 증가했다.

11) 양병우, 『아테네민주정치사』, 서울대출판부, 1976, pp.13-14.

12) 리비우스, 『에피토메』, 11. 플리니우스, 『자연사』, 16,10,37.

13) 허승일, 『로마사입문』, 서울대출판부, 1993, pp.104-106 참조.

14) 그리스 신화에 따르면 에게 해의 중앙에 있는 델로스 섬은 너무나 척박한 불모의 땅이었다. 제우스의 사랑을 받은 레토가 아폴론을 임신했을 때, 자신의 아들 아레스보다 위대한 아들 아폴론이 태어날 것임을 미리 안 헤라는 레토의 해산을 집요하게 방해했다. 레토의 해산을 허락하는 곳은 불모의 땅으로 만들 것이라는 헤라의 협박 때문에 레토는 해산할 곳을 찾지 못하고 에게 해 여러 곳을 유랑하다가 척박한 불모의 땅 델로스 섬에 도착했다. 이 섬은 너무도 척박하여 손해볼 것이 없었다. 아폴론을 낳으면 제일 먼저 이 섬에 그의 신전을 지어줄 것을 약속한 후에 레토는 델로스에서 해산을 허락받았다. 이로써 불모의 섬이 아폴론의 탄생지로서 그리스인의 숭배를 받는 성지가 되었다.

15) 현재, 기원전 454~415년까지 매년 각 동맹국의 납세표가 불완전하나마 남아 있다. 동맹 초기에는 265개의 폴리스가 400 탈란톤을 납부했다. 그러나 기원전 454년에 동맹금고가 아테네로 옮겨지고 아테네 제국 정책이 추진되자 기금 납부 국가가 300여 개국이 되었고, 기금 총액은 1,000-1,500탈란톤에 달했다.

16) 기원전 280년 헤라클레아에서의 제1차 전투에서 로마 군단이 7,000명의 병력을 잃은 반면, 피로스도 4,000명의 병력을 잃었다. 아폴리아의 아스쿨룸에서 있었던 제2차 전투에서도 피로스는 로마 군대를 대파했지만 그 역시 4,000명의 병력을 잃었다. 당시 피로스는 "이러한 승리를 또 한번만 거두면 나는 망할 것이다!"라고 외쳤다고 전해진다.

17) 하느님께서는 신앙과 도덕에 관하여 사람을 가르칠 권한을 교회에 주셨고, 교회는 그 교도권을 행사하며 가르칠 때에 성령의 특별하신 보호를 받으므로 절대 오류에 빠질 수 없다는 것.

프랑스엔 〈크세주〉, 일본엔 〈이와나미 문고〉, 한국에는 〈살림지식총서〉가 있습니다.

📖 전자책 | 🔍 큰글자 | 🔊 오디오북

001 미국의 좌파와 우파 | 이주영 📖 🔍
002 미국의 정체성 | 김형인 📖 🔍
003 마이너리티의 역사 | 손영호 📖
004 두 얼굴을 가진 하나님 | 김형인 📖
005 MD | 정욱식 📖 🔍
006 반미 | 김진웅 📖
007 영화로 보는 미국 | 김성곤 📖 🔍
008 미국 뒤집어보기 | 장석정
009 미국 문화지도 | 장석정
010 미국 메모랜덤 | 최성일
011 위대한 어머니 여신 | 장영란 📖 🔍
012 변신이야기 | 김선자 📖
013 인도신화의 계보 | 류경희 📖 🔍
014 축제인류학 | 류정아 📖
015 오리엔탈리즘의 역사 | 정진농 📖 🔍
016 이슬람 문화 | 이희수 📖 🔍
017 살롱문화 | 서정복 📖
018 추리소설의 세계 | 정규웅 📖
019 애니메이션의 장르와 역사 | 이용배 📖
020 문신의 역사 | 조현설
021 색채의 상징, 색채의 심리 | 박영수 📖 🔍
022 인체의 신비 | 이성주 📖
023 생물학무기 | 배우철 📖
024 이 땅에서 우리말로 철학하기 | 이기창
025 중세는 정말 암흑기였나 | 이경재 📖
026 미셸 푸코 | 양운덕 📖 🔍
027 포스트 모더니즘에 대한 성찰 | 신승환 📖 🔍
028 조폭의 계보 | 방성수
029 성스러움과 폭력 | 류성민 📖
030 성상 파괴주의와 성상 옹호주의 | 진형준 📖
031 UFO학 | 성시정 📖
032 최면의 세계 | 설기문 📖
033 천문학 탐구자들 | 이면우
034 블랙홀 | 이충환 📖
035 법의학의 세계 | 이윤성 📖 🔍
036 양자 컴퓨터 | 이순칠 📖
037 마피아의 계보 | 안혁 📖 🔍
038 헬레니즘 | 윤진 📖
039 유대인 | 정성호 📖
040 M. 엘리아데 | 정진홍 📖
041 한국교회의 역사 | 서정민 📖 🔍
042 야웨와 바알 | 김남일 📖
043 캐리커처의 역사 | 박창석
044 한국 액션영화 | 오승욱 📖
045 한국 문예영화 이야기 | 김남석 📖
046 포켓몬 마스터 되기 | 김윤아 📖

047 판타지 | 송태현 📖
048 르 몽드 | 최연구 📖 🔍
049 그리스 사유의 기원 | 김재홍 📖
050 영혼론 입문 | 이정우
051 알베르 카뮈 | 유기환 📖 🔍
052 프란츠 카프카 | 편영수 📖
053 버지니아 울프 | 김희정 📖
054 재즈 | 최규용 📖 🔍
055 뉴에이지 음악 | 양한수 📖
056 중국의 고구려사 왜곡 | 최광식 📖 🔍
057 중국의 정체성 | 강준영 📖 🔍
058 중국의 문화 코드 | 강진석 🔍
059 중국사상의 뿌리 | 장현근 📖 🔍
060 화교 | 정성호 📖
061 중국인의 금기 | 장범성 📖
062 무협 | 문현선 📖
063 중국영화 이야기 | 임대근 📖
064 경극 | 송철규 📖
065 중국적 사유의 원형 | 박정근 📖 🔍
066 수도원의 역사 | 최형걸 📖
067 현대 신학 이야기 | 박만 📖
068 요가 | 류경희 📖 🔍
069 성공학의 역사 | 정해윤 📖
070 진정한 프로는 변화가 즐겁다 | 김학선 📖 🔍
071 외국인 직접투자 | 송의달
072 지식의 성장 | 이한구 📖
073 사랑의 철학 | 이정은 📖
074 유교문화와 여성 | 김미영 📖
075 매체 정보란 무엇인가 | 구연상 📖
076 피에르 부르디외와 한국사회 | 홍성민 📖
077 21세기 한국의 문화혁명 | 이정덕
078 사건으로 보는 한국의 정치변동 | 양길현 📖 🔍
079 미국을 만든 사상들 | 정경희 📖 🔍
080 한반도 시나리오 | 정욱식 📖 🔍
081 미국인의 발견 | 우수근 📖
082 미국의 거장들 | 김홍국 📖
083 법으로 보는 미국 | 채동배
084 미국 여성사 | 이창신 📖
085 책과 세계 | 강유원 📖
086 유럽왕실의 탄생 | 김현수 📖
087 박물관의 탄생 | 전진성 📖
088 절대왕정의 탄생 | 임승휘 📖 🔍
089 커피 이야기 | 김성윤 📖 🔍
090 축구의 문화사 | 이은호
091 세기의 사랑 이야기 | 안재필 📖 🔍
092 반연극의 계보와 미학 | 임준서 📖

093 한국의 연출가들 | 김남석 📖
094 동아시아의 공연예술 | 서연호 📖
095 사이코드라마 | 김정일
096 철학으로 보는 문화 | 신응철 📖
097 장 폴 사르트르 | 변광배 📖
098 프랑스 문화의 상상력 | 박기현 📖
099 아브라함의 종교 | 공일주 📖
100 여행 이야기 | 이진홍 📖
101 아테네 | 장영란 📖🔎
102 로마 | 한형곤 📖
103 이스탄불 | 이희수 📖
104 예루살렘 | 최창모 📖
105 상트 페테르부르크 | 방일권 📖
106 하이델베르크 | 곽병휴 📖
107 파리 | 김복래 📖
108 바르샤바 | 최건영 📖
109 부에노스아이레스 | 고부안 📖
110 멕시코 시티 | 정혜주 📖
111 나이로비 | 양철준 📖
112 고대 올림픽의 세계 | 김복희 📖
113 종교와 스포츠 | 이창익 📖
114 그리스 미술 이야기 | 노성두 📖
115 그리스 문명 | 최혜영 📖
116 그리스와 로마 | 김덕수 📖🔎
117 알렉산드로스 | 조현미 📖
118 고대 그리스의 시인들 | 김헌 📖
119 올림픽의 숨은 이야기 | 장원재 📖
120 장르 만화의 세계 | 박인하 📖
121 성공의 길은 내 안에 있다 | 이숙영 📖🔎
122 모든 것을 고객중심으로 바꿔라 | 안상헌 📖
123 중세와 토마스 아퀴나스 | 박경숙 📖🔎
124 우주 개발의 숨은 이야기 | 정홍철 📖
125 나노 | 이영희 📖
126 초끈이론 | 박재모·현승준 📖
127 안토니 가우디 | 손세관 📖🔎
128 프랭크 로이드 라이트 | 서수경 📖
129 프랭크 게리 | 이일형
130 리차드 마이어 | 이성훈 📖
131 안도 다다오 | 임채진 📖
132 색의 유혹 | 오수연 📖
133 고객을 사로잡는 디자인 혁신 | 신언모
134 양주 이야기 | 김준철 📖🔎
135 주역과 운명 | 심의용 📖🔎
136 학계의 금기를 찾아서 | 강성민 📖🔎
137 미·중·일 새로운 패권전략 | 우수근 📖🔎
138 세계지도의 역사와 한반도의 발견 | 김상근 📖🔎
139 신용하 교수의 독도 이야기 | 신용하 🔎
140 간도는 누구의 땅인가 | 이성환 📖🔊
141 말리노프스키의 문화인류학 | 김용환 📖
142 크리스마스 | 이영제
143 바로크 | 신정아 📖
144 페르시아 문화 | 신규섭 📖
145 패션과 명품 | 이재진 📖
146 프랑켄슈타인 | 장정희 📖

147 뱀파이어 연대기 | 한혜원 📖🔊
148 위대한 힙합 아티스트 | 김정훈 📖
149 살사 | 최명호
150 모던 걸, 여우 목도리를 버려라 | 김주리 📖
151 누가 하이카라 여성을 데리고 사누 | 김미지 📖
152 스위트 홈의 기원 | 백지혜 📖
153 대중적 감수성의 탄생 | 강심호 📖
154 에로 그로 넌센스 | 소래섭
155 소리가 만들어낸 근대의 풍경 | 이승원 📖
156 서울은 어떻게 계획되었는가 | 염복규 📖🔎
157 부엌의 문화사 | 함한희 📖
158 칸트 | 최인숙 📖
159 사람은 왜 인정받고 싶어하나 | 이정은 📖🔎
160 지중해학 | 박상진 📖
161 동북아시아 비핵지대 | 이삼성 외
162 서양 배우의 역사 | 김정수
163 20세기의 위대한 연극인들 | 김미혜 📖
164 영화음악 | 박신영 📖
165 한국독립영화 | 김수남 📖
166 영화와 샤머니즘 | 이종승 📖
167 영화로 보는 불륜의 사회학 | 황혜진 📖
168 J.D. 샐린저와 호밀밭의 파수꾼 | 김성곤 📖
169 허브 이야기 | 조태동·송진희 📖🔎
170 프로레슬링 | 성민수 📖
171 프랑크푸르트 | 이기식 📖
172 바그다드 | 이동은 📖
173 아테네인, 스파르타인 | 윤진 📖
174 정치의 원형을 찾아서 | 최자영 📖
175 소르본 대학 | 서정복 📖
176 테마로 보는 서양미술 | 권용준 📖🔎
177 칼 마르크스 | 박영균
178 허버트 마르쿠제 | 손철성 📖
179 안토니오 그람시 | 김현우 📖
180 안토니오 네그리 | 윤수종 📖
181 박이문의 문학과 철학 이야기 | 박이문 📖🔎
182 상상력과 가스통 바슐라르 | 홍명희 📖
183 인간복제의 시대가 온다 | 김홍재
184 수소 혁명의 시대 | 김미선 📖
185 로봇 이야기 | 김문상 📖
186 일본의 정체성 | 김필동 📖🔎
187 일본의 서양문화 수용사 | 정하미 📖🔎
188 번역과 일본의 근대 | 최경옥 📖
189 전쟁국가 일본 | 이성환 📖
190 한국과 일본 | 하우봉 📖🔎
191 일본 누드 문화사 | 최유경 📖
192 주신구라 | 이준섭
193 일본의 신사 | 박규태 📖
194 미야자키 하야오 | 김윤아 📖🔊
195 애니메이션으로 보는 일본 | 박규태 📖
196 디지털 에듀테인먼트 스토리텔링 | 강심호 📖
197 디지털 애니메이션 스토리텔링 | 배주영 📖
198 디지털 게임의 미학 | 전경란 📖
199 디지털 게임 스토리텔링 | 한혜원 📖
200 한국형 디지털 스토리텔링 | 이인화 📖

201 디지털 게임, 상상력의 새로운 영토 | 이정엽 🔊
202 프로이트와 종교 | 권수영 📖
203 영화로 보는 태평양전쟁 | 이동훈 📖
204 소리의 문화사 | 김토일 📖
205 극장의 역사 | 임종엽 📖
206 뮤지엄건축 | 서상우 📖
207 한옥 | 박명덕 📖🔍
208 한국만화사 산책 | 손상익
209 만화 속 백수 이야기 | 김성훈
210 코믹스 만화의 세계 | 박석환 📖
211 북한만화의 이해 | 김성훈 · 박소현
212 북한 애니메이션 | 이대연 · 김경임
213 만화로 보는 미국 | 김기홍
214 미생물의 세계 | 이재열 📖
215 빛과 색 | 변종철 📖
216 인공위성 | 장영근 📖
217 문화콘텐츠란 무엇인가 | 최연구 📖🔍
218 고대 근동의 신화와 종교 | 강성열 📖
219 신비주의 | 금인숙 📖
220 십자군, 성전과 약탈의 역사 | 진원숙
221 종교개혁 이야기 | 이성덕 📖
222 자살 | 이진홍 📖
223 성, 그 억압과 진보의 역사 | 윤가현 🔍
224 아파트의 문화사 | 박철수 📖
225 권오길 교수가 들려주는 생물의 섹스 이야기 | 권오길 📖
226 동물행동학 | 임신재 📖
227 한국 축구 발전사 | 김성원 📖
228 월드컵의 위대한 전설들 | 서준형
229 월드컵의 강국들 | 심재희
230 스포츠 마케팅의 세계 | 박찬혁
231 일본의 이중권력, 쇼군과 천황 | 다카시로 고이치
232 일본의 사소설 | 안영희 📖
233 글로벌 매너 | 박한표 📖
234 성공하는 중국 진출 가이드북 | 우수근
235 20대의 정체성 | 정성호 📖
236 중년의 사회학 | 정성호 📖🔍
237 인권 | 차병직 📖
238 헌법재판 이야기 | 오호택 📖
239 프라하 | 김규진 📖
240 부다페스트 | 김성진 📖
241 보스턴 | 황선희 📖
242 돈황 | 전인초 📖
243 보들레르 | 이건수 📖
244 돈 후안 | 정동섭 📖
245 사르트르 참여문학론 | 변광배 📖
246 문체론 | 이종오 📖
247 올더스 헉슬리 | 김효원 📖
248 탈식민주의에 대한 성찰 | 박종성 📖🔍
249 서양 무기의 역사 | 이내주 📖
250 백화점의 문화사 | 김인호 📖
251 초콜릿 이야기 | 정한진 📖
252 향신료 이야기 | 정한진 📖
253 프랑스 미식 기행 | 심순철
254 음식 이야기 | 윤진아 📖🔍
255 비틀스 | 고영탁 📖
256 현대사와 불교 | 오세영 📖
257 불교의 선악론 | 안옥선 🔍
258 질병의 사회사 | 신규환 📖🔍
259 와인의 문화사 | 고형욱 📖
260 와인, 어떻게 즐길까 | 김준철 📖🔍
261 노블레스 오블리주 | 예종석 📖🔍
262 미국인의 탄생 | 김진웅 📖
263 기독교의 교파 | 남병두 📖🔍
264 플로티노스 | 조규홍 📖
265 아우구스티누스 | 박경숙 📖
266 안셀무스 | 김영철 📖
267 중국 종교의 역사 | 박종우 📖
268 인도의 신화와 종교 | 정광흠
269 이라크의 역사 | 공일주 📖
270 르 코르뷔지에 | 이관석 📖
271 김수영, 혹은 시적 양심 | 이은정 📖🔍🔊
272 의학사상사 | 여인석 📖
273 서양의학의 역사 | 이재담 📖🔍
274 몸의 역사 | 강신익 📖🔍
275 인류를 구한 항균제들 | 예병일 📖
276 전쟁의 판도를 바꾼 전염병 | 예병일 📖
277 사상의학 바로 알기 | 장동민 📖🔍
278 조선의 명의들 | 김호 📖🔍
279 한국인의 관계심리학 | 권수영 📖🔍
280 모건의 가족 인류학 | 김용환
281 예수가 상상한 그리스도 | 김호경 📖
282 사르트르와 보부아르의 계약결혼 | 변광배 📖🔍
283 초기 기독교 이야기 | 진원숙 📖
284 동유럽의 민족 분쟁 | 김철민 📖
285 비잔티제국 | 진원숙 📖
286 오스만제국 | 진원숙 📖
287 별을 보는 사람들 | 조상호
288 한미 FTA 후 직업의 미래 | 김준성 📖
289 구조주의와 그 이후 | 김종우 📖
290 아도르노 | 이종하 📖
291 프랑스 혁명 | 서정복 📖🔍
292 메이지유신 | 장인성 📖🔍
293 문화대혁명 | 백승욱 📖🔍
294 기생 이야기 | 신현규 📖
295 에베레스트 | 김법모 📖
296 빈 | 인성기 📖
297 발트3국 | 서진석 📖
298 아일랜드 | 한일동 📖
299 이케다 하야토 | 권혁기 📖
300 박정희 | 김성진 📖🔊
301 리콴유 | 김성진 📖
302 덩샤오핑 | 박형기 📖
303 마거릿 대처 | 박동운 📖🔊
304 로널드 레이건 | 김형곤 📖🔊
305 셰이크 모하메드 | 최진영 📖
306 유엔사무총장 | 김정태 📖
307 농구의 탄생 | 손대범 📖
308 홍차 이야기 | 정은희 📖🔍

309 인도 불교사 | 김미숙 🔲
310 아힌사 | 이정호
311 인도의 경전들 | 이재숙 🔲
312 글로벌 리더 | 백형찬 🔲 🔎
313 탱고 | 배수경
314 미술경매 이야기 | 이규현 🔲
315 달마와 그 제자들 | 우봉규 🔲 🔎
316 화두와 좌선 | 김호귀 🔲 🔎
317 대학의 역사 | 이광주 🔲 🔎
318 이슬람의 탄생 | 진원숙 🔲
319 DNA분석과 과학수사 | 박기원 🔲
320 대통령의 탄생 | 조지형 🔲
321 대통령의 퇴임 이후 | 김형
322 미국의 대통령 선거 | 윤용희 🔲
323 프랑스 대통령 이야기 | 최연구 🔲
324 실용주의 | 이유선 🔲
325 맥주의 세계 | 원융희 🔲 🔊
326 SF의 법칙 | 고장원
327 원효 | 김원명 🔲
328 베이징 | 조창완 🔲
329 상하이 | 김윤희 🔲
330 홍콩 | 유영하 🔲
331 중화경제의 리더들 | 박형기 🔲
332 중국의 엘리트 | 주장환 🔲
333 중국의 소수민족 | 정재남
334 중국을 이해하는 9가지 관점 | 우수근 🔲 🔎 🔊
335 고대 페르시아의 역사 | 유흥태 🔲
336 이란의 역사 | 유흥태 🔲
337 에스파한 | 유흥태 🔲
338 번역이란 무엇인가 | 이향 🔲
339 해체론 | 조규형 🔲
340 자크 라캉 | 김용수 🔲
341 하지홍 교수의 개 이야기 | 하지홍 🔲
342 다방과 카페, 모던보이의 아지트 | 장유정 🔲
343 역사 속의 채식인 | 이광조 🔲 🔎
344 보수와 진보의 정신분석 | 김용신 🔲 🔎
345 저작권 | 김기태 🔲
346 왜 그 음식은 먹지 않을까 | 정한진 🔲 🔎 🔊
347 플라멩코 | 최명호
348 월트 디즈니 | 김지영 🔲
349 빌 게이츠 | 김익현 🔲
350 스티브 잡스 | 김상훈 🔲 🔎
351 잭 웰치 | 하정필 🔲
352 워렌 버핏 | 이민주 🔲
353 조지 소로스 | 김성진 🔲
354 마쓰시타 고노스케 | 권혁기 🔲 🔎
355 도요타 | 이우광 🔲
356 기술의 역사 | 송성수 🔲
357 미국의 총기 문화 | 손영호 🔲
358 표트르 대제 | 박지배 🔲
359 조지 워싱턴 | 김형곤 🔲
360 나폴레옹 | 서정복 🔊
361 비스마르크 | 김장수 🔲
362 모택동 | 김승일 🔲

363 러시아의 정체성 | 기연수 🔲
364 너는 시방 위험한 로봇이다 | 오은 🔲
365 발레리나를 꿈꾼 로봇 | 김선혁 🔲
366 로봇 선생님 가라사대 | 안동근 🔲
367 로봇 디자인의 숨겨진 규칙 | 구신애 🔲
368 로봇을 향한 열정, 일본 애니메이션 | 안병욱 🔲
369 도스토예프스키 | 박영은 🔲 🔊
370 플라톤의 교육 | 장영란 🔲
371 대공황 시대 | 양동휴 🔲
372 미래를 예측하는 힘 | 최연구 🔲
373 꼭 알아야 하는 미래 질병 10가지 | 우정헌 🔲 🔎 🔊
374 과학기술의 개척자들 | 송성수 🔲
375 레이첼 카슨과 침묵의 봄 | 김재호 🔲 🔎
376 좋은 문장 나쁜 문장 | 송준호 🔲 🔎
377 바울 | 김호경 🔲
378 테킬라 이야기 | 최명호 🔲
379 어떻게 일본 과학은 노벨상을 탔는가 | 김범성 🔲 🔎
380 기후변화 이야기 | 이유진 🔲 🔎
381 상송 | 전금주
382 이슬람 예술 | 전완경 🔲
383 페르시아의 종교 | 유흥태 🔲
384 삼위일체론 | 유해무 🔲
385 이슬람 율법 | 공일주 🔲
386 금강경 | 곽철환 🔲
387 루이스 칸 | 김낙중 · 정태용 🔲
388 톰 웨이츠 | 신주현 🔲
389 위대한 여성 과학자들 | 송성수 🔲
390 법원 이야기 | 오호택 🔲
391 명예훼손이란 무엇인가 | 안상운 🔲 🔎
392 사법권의 독립 | 조지형 🔲
393 피해자학 강의 | 장규원 🔲
394 정보공개란 무엇인가 | 안상운 🔲
395 적정기술이란 무엇인가 | 김정태 · 홍성욱 🔲
396 치명적인 금융위기, 왜 유독 대한민국인가 | 오형규 🔲 🔎
397 지방자치단체, 돈이 새고 있다 | 최인욱 🔲
398 스마트 위험사회가 온다 | 민경식 🔲 🔎
399 한반도 대재난, 대책은 있는가 | 이정직 🔲
400 불안사회 대한민국, 복지가 해답인가 | 신광영 🔲 🔎
401 21세기 대한민국 대외전략 | 김기수 🔲
402 보이지 않는 위협, 종북주의 | 류현수 🔲
403 우리 헌법 이야기 | 오호택 🔲
404 핵심 중국어 간체자(简体字) | 김현정 🔎
405 문화생활과 문화주택 | 김용범 🔲
406 미래주거의 대안 | 김세용 · 이재준
407 개방과 폐쇄의 딜레마, 북한의 이중적 경제 | 남성욱 · 정유석 🔲
408 연극과 영화를 통해 본 북한 사회 | 민병욱 🔲
409 먹기 위한 개방, 살기 위한 핵외교 | 김계동 🔲
410 북한 정권 붕괴 가능성과 대비 | 전경주 🔲
411 북한을 움직이는 힘, 군부의 패권경쟁 | 이영훈 🔲
412 인민의 천국에서 벌어지는 인권유린 | 허만호 🔲
413 성공을 이끄는 마케팅 법칙 | 추성엽 🔲
414 커피로 알아보는 마케팅 베이직 | 김민주 🔲
415 쓰나미의 과학 | 이호준 🔲
416 20세기를 빛낸 극작가 20인 | 백승무 🔲

417 20세기의 위대한 지휘자 | 김문경 📖🔍
418 20세기의 위대한 피아니스트 | 노태헌 📖🔍
419 뮤지컬의 이해 | 이동섭 📖
420 위대한 도서관 건축 순례 | 최정태 📖🔍
421 아름다운 도서관 오디세이 | 최정태 📖🔍
422 롤링 스톤즈 | 김기범 📖
423 서양 건축과 실내 디자인의 역사 | 천진희 📖
424 서양 가구의 역사 | 공혜원 📖
425 비주얼 머천다이징&디스플레이 디자인 | 강희수
426 호감의 법칙 | 김경호 📖🔍
427 시대의 지성, 노암 촘스키 | 임기대 📖
428 역사로 본 중국음식 | 신계숙 📖🔍
429 일본요리의 역사 | 박병학 📖🔍
430 한국의 음식문화 | 도현신 📖
431 프랑스 음식문화 | 민혜련 📖
432 중국차 이야기 | 조은아 📖
433 디저트 이야기 | 안호기 📖
434 치즈 이야기 | 박승용 📖
435 면(麵) 이야기 | 김한송 📖🔍
436 막걸리 이야기 | 정은숙 📖🔍
437 알렉산드리아 비블리오테카 | 남태우 📖
438 개헌 이야기 | 오호택 📖
439 전통 명품의 보고, 규장각 | 신병주 📖🔍
440 에로스의 예술, 발레 | 이주영 📖
441 소크라테스를 알라 | 장영란 📖
442 소프트웨어가 세상을 지배한다 | 김재호 📖
443 국제난민 이야기 | 김철민 📖
444 셰익스피어 그리고 인간 | 김도윤 📖
445 명상이 경쟁력이다 | 김필수 📖🔍
446 갈매나무의 시인 백석 | 이숭원 📖🔍
447 브랜드를 알면 자동차가 보인다 | 김흥식 📖
448 파이온에서 힉스 입자까지 | 이강영 📖
449 알고 쓰는 화장품 | 구희연 📖
450 희망이 된 인문학 | 김호연 📖🔍
451 한국 예술의 큰 별 동랑 유치진 | 백형찬 📖
452 경허와 그 제자들 | 우봉규 📖🔍
453 논어 | 윤홍식 📖🔍
454 장자 | 이기동 📖🔍
455 맹자 | 장현근 📖🔍
456 관자 | 신창호 📖🔍
457 순자 | 윤무학 📖🔍
458 미사일 이야기 | 박준복 📖
459 사주(四柱) 이야기 | 이지형 📖🔍
460 영화로 보는 로큰롤 | 김기범 📖
461 비타민 이야기 | 김정환 📖🔍
462 장군 이순신 | 도현신 📖
463 전쟁의 심리학 | 이윤규 📖
464 미국의 장군들 | 여영무 📖
465 첨단무기의 세계 | 양낙규 📖
466 한국무기의 역사 | 이내주 📖🔍
467 노자 | 임헌규 📖
468 한비자 | 윤찬원 📖🔍
469 묵자 | 박문현 📖🔍
470 나는 누구인가 | 김용신 📖🔍

471 논리적 글쓰기 | 여세주 📖🔍
472 디지털 시대의 글쓰기 | 이강룡 📖
473 NLL을 말하다 | 이상철 📖🔍
474 뇌의 비밀 | 서유헌 📖🔍
475 버트런드 러셀 | 박병철 📖
476 에드문트 후설 | 박인철 📖
477 공간 해석의 지혜, 풍수 | 이지형 📖
478 이야기 동양철학사 | 강성률 📖
479 이야기 서양철학사 | 강성률 📖🔍
480 독일 예몽주의의 유학적 기초 | 전홍석 📖
481 우리말 한자 바로쓰기 | 안광희 📖🔍
482 유머의 기술 | 이상훈 📖
483 관상 | 이태룡 📖
484 가상학 | 이태룡 📖
485 역경 | 이태룡 📖
486 대한민국 대통령들의 한국경제 이야기 1 | 이장규 📖🔍
487 대한민국 대통령들의 한국경제 이야기 2 | 이장규 📖🔍
488 별자리 이야기 | 이형철 외 📖🔍
489 셜록 홈즈 | 김재성 📖
490 역사를 움직인 중국 여성들 | 이양자 📖
491 중국 고전 이야기 | 문승용 📖🔍
492 발효 이야기 | 이미란 📖🔍
493 이승만 평전 | 이주영 📖🔍
494 미군정시대 이야기 | 차상철 📖🔍
495 한국전쟁사 | 이희진 📖🔍
496 정전협정 | 조성훈 📖🔍
497 북한 대남 침투도발사 | 이윤규 📖
498 수상 | 이태룡 📖
499 성명학 | 이태룡 📖
500 결혼 | 남정욱 📖🔍
501 광고로 보는 근대문화사 | 김병희 📖🔍
502 시조의 이해 | 임형선 📖
503 일본인은 왜 속마음을 말하지 않을까 | 임영철 📖
504 내 사랑 아다지오 | 양태조 📖
505 수프림 오페라 | 김도윤 📖
506 바그너의 이해 | 서정원 📖
507 원자력 이야기 | 이정익 📖
508 이스라엘과 창조경제 | 정성호 📖
509 한국 사회 빈부의식은 어떻게 변했는가 | 김용신 📖
510 요하문명과 한반도 | 우실하 📖
511 고조선왕조실록 | 이희 📖
512 고구려조선왕조실록 1 | 이희진 📖
513 고구려조선왕조실록 2 | 이희진 📖
514 백제왕조실록 1 | 이희진 📖
515 백제왕조실록 2 | 이희진 📖
516 신라왕조실록 1 | 이희진 📖
517 신라왕조실록 2 | 이희진 📖
518 신라왕조실록 3 | 이희진
519 가야왕조실록 | 이희진 📖
520 발해왕조실록 | 구난희 📖
521 고려왕조실록 1 (근간)
522 고려왕조실록 2 (근간)
523 조선왕조실록 1 | 이성무 📖
524 조선왕조실록 2 | 이성무 📖

525 조선왕조실록 3 | 이성무 ▣
526 조선왕조실록 4 | 이성무 ▣
527 조선왕조실록 5 | 이성무 ▣
528 조선왕조실록 6 | 편집부 ▣
529 정한론 | 이기용 ▣
530 청일전쟁 (근간)
531 러일전쟁 (근간)
532 이슬람 전쟁사 | 진원숙 ▣
533 소주이야기 | 이지형 ▣
534 북한 남침 이후 3일간, 이승만 대통령의 행적 | 남정옥 ▣
535 제주 신화 1 | 이석범
536 제주 신화 2 | 이석범
537 제주 전설 1 | 이석범
538 제주 전설 2 | 이석범
539 제주 전설 3 | 이석범
540 제주 전설 4 | 이석범
541 제주 전설 5 | 이석범
542 제주 민담 | 이석범
543 서양의 명장 | 박기련 ▣
544 동양의 명장 | 박기련 ▣
545 루소, 교육을 말하다 | 고봉만 · 황성원 ▣
546 철학으로 본 앙트러프러너십 | 전인수 ▣
547 예술과 앙트러프러너십 | 조명계 ▣
548 예술마케팅 (근간)
549 비즈니스상상력 | 전인수
550 개념설계의 시대 | 전인수 ▣
551 미국 독립전쟁 | 김형곤 ▣
552 미국 남북전쟁 | 김형곤 ▣
553 초기불교 이야기 | 곽철환 ▣
554 한국가톨릭의 역사 | 서정민 ▣
555 시아 이슬람 | 유흥태 ▣
556 스토리텔링에서 스토리두잉으로 | 윤주 ▣
557 백세시대의 지혜 | 신현동 ▣
558 구보 씨가 살아온 한국 사회 | 김병희 ▣
559 정부광고로 보는 일상생활사 | 김병희
560 정부광고의 국민계몽 캠페인 | 김병희
561 도시재생이야기 | 윤주 ▣ ◉
562 한국의 핵무장 | 김재엽 ▣
563 고구려 비문의 비밀 | 정호섭 ▣
564 비슷하면서도 다른 한중문화 | 장범성
565 급변하는 현대 중국의 일상 | 장시,리우린,장범성
566 중국의 한국 유학생들 | 왕링윈, 장범성 ▣
567 밥 딜런 그의 나라에는 누가 사는가 | 오민석
568 언론으로 본 정부 정책의 변천 | 김병희
569 전통과 보수의 나라 영국 1–영국 역사 | 한일동
570 전통과 보수의 나라 영국 2–영국 문화 | 한일동
571 전통과 보수의 나라 영국 3–영국 현대 | 김언조
572 제1차 세계대전 | 윤형호
573 제2차 세계대전 | 윤형호
574 라벨로 보는 프랑스 포도주의 이해 | 전경준
575 미셸 푸코, 말과 사물 | 이규현
576 프로이트, 꿈의 해석 | 김석
577 왜 5왕 | 홍성화
578 소가씨 4대 | 나행주
579 미나모토노 요리토모 | 남기학
580 도요토미 히데요시 | 이계황
581 요시다 쇼인 | 이희복
582 시부사와 에이이치 | 양의모
583 이토 히로부미 | 방광석
584 메이지 천황 | 박진우
585 하라 다카시 | 김영숙
586 히라쓰카 라이초 | 정애영
587 고노에 후미마로 | 김봉식
588 모방이론으로 본 시장경제 | 김진식
589 보들레르의 풍자적 현대문명 비판 | 이건수

그리스와 로마 지중해의 라이벌

| 펴낸날 | 초판 1쇄 2004년 7월 30일 |
| | 초판 6쇄 2020년 5월 25일 |

지은이	**김덕수**
펴낸이	**심만수**
펴낸곳	**(주)살림출판사**
출판등록	1989년 11월 1일 제9-210호

주소	**경기도 파주시 광인사길 30**
전화	**031-955-1350**　팩스 **031-624-1356**
홈페이지	http://www.sallimbooks.com
이메일	book@sallimbooks.com

| ISBN | 978-89-522-0272-7　04080 |
| | 978-89-522-0096-9　04080 (세트) |

※ 값은 뒤표지에 있습니다.
※ 잘못 만들어진 책은 구입하신 서점에서 바꾸어 드립니다.

085 책과 세계

강유원(철학자)

책이라는 텍스트는 본래 세계라는 맥락에서 생겨났다. 인류가 남긴 고전의 중요성은 바로 우리가 볼 수 없는 세계를 글자라는 매개를 통해서 우리에게 생생하게 전해 주는 것이다. 이 책은 역사라는 시간과 지상이라고 하는 공간 속에 나타났던 텍스트를 통해 고전에 담겨진 사회와 사상을 드러내려 한다.

056 중국의 고구려사 왜곡　　eBook

최광식(고려대 한국사학과 교수)

중국의 고구려사 왜곡의 숨은 의도와 논리, 그리고 우리의 대응 방안을 다뤘다. 저자는 동북공정이 국가 차원에서 진행되는 정치적 프로젝트임을 치밀하게 증언한다. 경제적 목적과 영토 확장의 이해관계 등이 복잡하게 얽혀 있는 동북공정의 진정한 배경에 대한 설명, 고구려의 역사적 정체성에 대한 문제, 고구려사 왜곡에 대한 우리의 대처방법 등이 소개된다.

291 프랑스 혁명　　eBook

서정복(충남대 사학과 교수)

프랑스 혁명은 시민혁명의 모델이자 근대 시민국가 탄생의 상징이지만, 그 실상을 아는 사람은 많지 않다. 프랑스 혁명이 바스티유 습격 이전에 이미 시작되었으며, 자유와 평등 그리고 공화정의 꽃을 피기 위해 너무 많은 피를 흘렸고, 혁명의 과정에서 해방과 공포가 엇갈리고 있었다는 등의 이야기를 통해 프랑스 혁명의 실상을 소개한다.

139 신용하 교수의 독도 이야기　　eBook

신용하(백범학술원 원장)

사학계의 원로이자 독도 관련 연구의 대가인 신용하 교수가 일본의 독도 영토 편입문제를 걱정하며 일반 독자가 읽기 쉽게 쓴 책. 저자는 역사적으로나 국제법상으로 실효적 점유상으로나, 어느 측면에서 보아도 독도는 명백하게 우리 땅이라고 주장하며 여러 가지 역사적인 자료를 제시한다.

144 페르시아 문화

신규섭(한국외대 연구교수)

인류 최초 문명의 뿌리에서 뻗어 나와 아랍을 넘어 중국, 인도와 파키스탄, 심지어 그리스에까지 흔적을 남긴 페르시아 문화에 대한 개론서. 이 책은 오랫동안 베일에 가려 있던 페르시아 문명을 소개하여 이슬람에 대한 편견과 오해를 바로 잡는다. 이태백이 이란계였다는 사실, 돈황과 서역, 이란의 현대 문화 등이 서술된다.

086 유럽왕실의 탄생

김현수(단국대 역사학과 교수)

인류에게 '예술과 문명' 그리고 '근대와 국가'라는 개념을 선사한 유럽왕실. 유럽왕실의 탄생배경과 그 정체성은 무엇인가? 이 책은 게르만의 한 종족인 프랑크족과 메로빙거 왕조, 프랑스의 카페 왕조, 독일의 작센 왕조, 잉글랜드의 웨섹스 왕조 등 수많은 왕조의 출현과 쇠퇴를 통해 유럽 역사의 변천을 소개한다.

016 이슬람 문화

이희수(한양대 문화인류학과 교수)

이슬람교와 무슬림의 삶, 테러와 팔레스타인 문제 등 이슬람 문화 전반을 다룬 책. 저자는 그들의 멋과 가치관을 흥미롭게 설명하면서 한편으로 오해와 편견에 사로잡혀 있던 시각의 일대 전환을 요구한다. 이슬람교와 기독교의 관계, 무슬림의 삶과 낭만, 이슬람 원리주의와 지하드의 실상, 팔레스타인 분할 과정 등의 내용이 소개된다.

100 여행 이야기

이진홍(한국외대 강사)

이 책은 여행의 본질 위를 '길거리의 철학자'처럼 편안하게 소요한다. 먼저 여행의 역사를 더듬어 봄으로써 여행이 어떻게 인류 역사의 형성과 같이해 왔는지를 생각하고, 다음으로 여행의 사회학적 · 심리학적 의미를 추적함으로써 여행에 어떤 의미를 부여할 것인가에 대해 말한다. 또한 우리의 내면과 여행의 관계 정의를 시도한다.

293 문화대혁명 중국 현대사의 트라우마

eBook

백승욱(중앙대 사회학과 교수)

중국의 문화대혁명은 한두 줄의 정부 공식 입장을 통해 정리될 수 없는 중대한 사건이다. 20세기 중국의 모든 모순은 사실 문화대혁명 시기에 집약되어 있다고 해도 과언이 아니다. 사회주의 시기의 국가 · 당 · 대중의 모순이라는 문제의 복판에서 문화대혁명을 다시 읽을 필요가 있는 지금, 이 책은 문화대혁명에 대한 안내자가 될 것이다.

174 정치의 원형을 찾아서

eBook

최자영(부산외국어대학교 HK교수)

인류가 걸어온 모든 정치체제들을 매우 짧은 기간 동안 시험하고 정비한 나라, 그리스. 이 책은 과두정, 민주정, 참주정 등 고대 그리스의 정치사를 추적하고, 정치가들의 파란만장한 일화 등을 소개하고 있다. 특히 이 책의 저자는 아테네인들이 추구했던 정치방법이 오늘 우리 사회가 당면한 문제를 해결할 수 있는 지혜의 발견에 도움을 줄 수 있을 것이라고 말한다.

420 위대한 도서관 건축순례

eBook

최정태(부산대학교 명예교수)

이 책은 도서관의 건축을 중심으로 다룬 일종의 기행문이다. 고대 도서관에서부터 21세기에 완공된 최첨단 도서관까지, 필자는 가능한 많은 도서관을 직접 찾아보려고 애썼다. 미처 방문하지 못한 도서관에 대해서는 문헌과 그림 등 가능한 많은 정보를 수집하려 노력했다. 필자의 단상들을 함께 읽는 동안 우리 사회에서 도서관이 차지하는 의미에 대해 다시 생각하게 된다.

421 아름다운 도서관 오디세이

eBook

최정태(부산대학교 명예교수)

이 책은 문헌정보학과에서 자료 조직을 공부하고 평생을 도서관에 몸담았던 한 도서관 애찬가의 고백이다. 필자는 퇴임 후 지금까지 도서관을 돌아다니면서 직접 보고 배운 것이 40여 년 동안 강단과 현장에서 보고 얻은 이야기보다 훨씬 많았다고 말한다. '세계 도서관 여행 가이드'라 불러도 손색없을 만큼 풍부하고 다채로운 내용이 이 한 권에 담겼다.

eBook 표시가 되어있는 도서는 전자책으로 구매가 가능합니다.

016 이슬람 문화 | 이희수
017 살롱문화 | 서정복
020 문신의 역사 | 조현설 eBook
038 헬레니즘 | 윤진 eBook
056 중국의 고구려사 왜곡 | 최광식 eBook
085 책과 세계 | 강유원
086 유럽왕실의 탄생 | 김현수
087 박물관의 탄생 | 전진성 eBook
088 절대왕정의 탄생 | 임승휘 eBook
100 여행 이야기 | 이진홍 eBook
101 아테네 | 장영란 eBook
102 로마 | 한형곤 eBook
103 이스탄불 | 이희수 eBook
104 예루살렘 | 최창모 eBook
105 상트 페테르부르크 | 방일권 eBook
106 하이델베르크 | 곽병휴 eBook
107 파리 | 김복래 eBook
108 바르샤바 | 최건영 eBook
109 부에노스아이레스 | 고부안 eBook
110 멕시코 시티 | 정혜주 eBook
111 나이로비 | 양철준 eBook
112 고대 올림픽의 세계 | 김복희 eBook
113 종교와 스포츠 | 이창익 eBook
115 그리스 문명 | 최혜영
116 그리스와 로마 | 김덕수 eBook
117 알렉산드로스 | 조현미
138 세계지도의 역사와 한반도의 발견 | 김상근
139 신용하 교수의 독도 이야기 | 신용하
140 간도는 누구의 땅인가 | 이성환 eBook
143 바로크 | 신정아
144 페르시아 문화 | 신규섭 eBook
150 모던 걸, 여우 목도리를 버려라 | 김주리 eBook
151 누가 하이카라 여성을 데리고 사누 | 김미지 eBook
152 스위트 홈의 기원 | 백지혜 eBook
153 대중적 감수성의 탄생 | 강심호 eBook
154 에로 그로 넌센스 | 소래섭 eBook
155 소리가 만들어낸 근대의 풍경 | 이승원 eBook
156 서울은 어떻게 계획되었는가 | 염복규 eBook
157 부엌의 문화사 | 함한희
171 프랑크푸르트 | 이기식 eBook

172 바그다드 | 이동은 eBook
173 아테네인 스파르타인 | 윤진 eBook
174 정치의 원형을 찾아서 | 최자영 eBook
175 소크본 대학 | 서정복 eBook
187 일본의 서양문화 수용사 | 정하미
188 번역과 일본의 근대 | 최경옥
189 전쟁국가 일본 | 이성환 eBook
191 일본 누드 문화사 | 최유경
192 주신구라 | 이준섭
193 일본의 신사 | 박규태 eBook
220 십자군, 성전과 약탈의 역사 | 진원숙
239 프라하 | 김규진 eBook
240 부다페스트 | 김성진 eBook
241 보스턴 | 황선희
242 돈황 | 전인초 eBook
249 서양 무기의 역사 | 이내주
250 백화점의 문화사 | 김인호
251 초콜릿 이야기 | 정한진
252 향신료 이야기 | 정한진
259 와인의 문화사 | 고형욱
269 이라크의 역사 | 공일주
283 초기 기독교 이야기 | 진원숙
285 비잔틴제국 | 진원숙 eBook
286 오스만제국 | 진원숙 eBook
291 프랑스 혁명 | 서정복 eBook
292 메이지유신 | 장인성
293 문화대혁명 | 백승욱 eBook
294 기생 이야기 | 신현규 eBook
295 에베레스트 | 김법모 eBook
296 빈 | 인성기 eBook
297 발트3국 | 서진석 eBook
298 아일랜드 | 한일동
308 홍차 이야기 | 정은희 eBook
317 대학의 역사 | 이광주
318 이슬람의 탄생 | 진원숙
335 고대 페르시아의 역사 | 유흥태
336 이란의 역사 | 유흥태
337 에스파한 | 유흥태
342 다방과 카페, 모던보이의 아지트 | 장유정
343 역사 속의 채식인 | 이광조

371 대공황 시대 | 양동휴 eBook
420 위대한 도서관 건축순례 | 최정태 eBook
421 아름다운 도서관 오디세이 | 최정태 eBook
423 서양 건축과 실내 디자인의 역사 | 천진희 eBook
424 서양 가구의 역사 | 공혜원
437 알렉산드리아 비블리오테카 | 남태우 eBook
439 전통 명품의 보고, 규장각 | 신병주 eBook
443 국제난민 이야기 | 김철민 eBook
462 장군 이순신 | 도현신 eBook
463 전쟁의 심리학 | 이윤규 eBook
466 한국무기의 역사 | 이내주 eBook
486 대한민국 대통령들의 한국경제 이야기 1 | 이장규 eBook
487 대한민국 대통령들의 한국경제 이야기 2 | 이장규 eBook
490 역사를 움직인 중국 여성들 | 이양자 eBook
493 이승만 평전 | 이주영 eBook
494 미군정시대 이야기 | 차상철 eBook
495 한국전쟁사 | 이희진 eBook
496 정전협정 | 조성훈 eBook
497 북한 대남침투도발사 | 이윤규
510 요하 문명(근간)
511 고조선왕조실록(근간)
512 고구려왕조실록 1(근간)
513 고구려왕조실록 2(근간)
514 백제왕조실록 1(근간)
515 백제왕조실록 2(근간)
516 신라왕조실록 1(근간)
517 신라왕조실록 2(근간)
518 신라왕조실록 3(근간)
519 가야왕조실록(근간)
520 발해왕조실록(근간)
521 고려왕조실록 1(근간)
522 고려왕조실록 2(근간)
523 조선왕조실록 1 | 이성무 eBook
524 조선왕조실록 2 | 이성무 eBook
525 조선왕조실록 3 | 이성무 eBook
526 조선왕조실록 4 | 이성무 eBook
527 조선왕조실록 5 | 이성무 eBook
528 조선왕조실록 6 | 편집부 eBook

㈜살림출판사
www.sallimbooks.com
주소 경기도 파주시 문발동 522-1 | 전화 031-955-1350 | 팩스 031-955-1355